Natur-Streiflichter

Aufsätze, Reiseberichte, Exkursionen und mehr
aus 10 Jahren Naturbeobachtung

Gerwin Bärecke

„Bevor man die Welt verändert, wäre es doch vielleicht
wichtiger, sie nicht zugrunde zu richten!" Paul Claudel,
französischer Schriftsteller, 1868-1955

Für Evelin

Inhalt

Vorwort

Rückblickend kommt in 10 Jahren so einiges zusammen, wenn man Reisetagebuch führt, Naturbeobachtungen aufzeichnet, Buchrezensionen schreibt sowie Exkursionen und Vorträge vor- und nachbereitet.

Das Problem ist aus meiner Sicht, dass vieles im Laufe der Zeit in Vergessenheit gerät, selbst wenn es im Internet nach wie vor erreichbar ist. Man sagt, dass das Internet nichts vergisst. Das mag sein, aber die Menschen vergessen. Außerdem sind die Artikel, Berichte und Rezensionen zwar noch da, aber so verteilt, dass sie nur ganz mühselig gefunden werden - wenn überhaupt.

Sogar als Autor hat man, oder besser habe ich das Problem, manche meiner eigenen Artikel und Berichte wiederzufinden. Obwohl das Internet angeblich nichts vergisst, sind viele meiner Artikel in der Tat nicht mehr vorhanden. So schrieb ich seinerzeit viele Artikel für ein Online-Portal, das aber im Jahre 2014 eingestellt wurde. Auch die Inhalte sind nicht mehr zugänglich, sie wurden aus dem Internet entfernt. Einige dieser Artikel hatte ich glücklicherweise noch gespeichert, so dass sie in dieses Buch einfließen konnten.

Nun bin ich aber nicht so vermessen zu glauben, dass ich mit solch einem Buch zur Kulturleistung der Menschheit beitrage. Es gibt aber einen ganz persönlichen, vielleicht sogar einen egozentrischen Aspekt, der hier hineinspielt. Ich habe in meinem Leben einige Menschen gehen sehen, deren Dasein außer der bloßen Erinnerung nichts hinterlassen hat. Bei vielen davon ist das Wissen und, ja, auch die Weisheit eines langen Lebens für immer verloren.

Insofern bin ich in der Tat egozentrisch. Wenn ich eines Tages gehen muss, möchte ich in der diesseitigen Welt Spuren hinterlassen, und zwar positive Spuren. Nichts materielles, das interessiert mich nicht. Meine Erfahrung und etwas Intuition sagen mir, dass der Inhalt eines Buches dafür der richtige Weg sein kann. Auch und gerade in Zeiten des Internets und der Digitalisierung. Vielleicht bin ich ein Fossil, aber ich liebe das gedruckte Buch in der Hand und den Anblick vieler gedruckter Bücher im Bücherregal - ebenso wie meine Frau!

Da dies kein Bestimmungsbuch ist und ich in diesem speziellen Fall die Texte für wichtiger halte als die Bilder, gibt es zwei Gründe dafür, dass die Abbildungen in Schwarzweiß gehalten sind. Der andere Grund ist der Verkaufspreis, der bei Farbabbildungen mehr als doppelt so hoch wäre.

Goslar, im Februar 2022
Gerwin Bärecke

Das Leberblümchen – Blume des Jahres 2013

Loki Schmidt rief den Titel „Blume des Jahres" ins Leben, die nach ihr benannte Loki Schmidt Stiftung kürte für 2013 einen Frühblüher: das Leberblümchen

Zieht man auf der Landkarte eine Linie vom Jadebusen im Norden bis zum Rheinfall bei Schaffhausen, so wird man links oder besser westlich davon kein Leberblümchen (*Hepatica nobilis*) finden. Die Vorkommen in Deutschland liegen östlich dieser Linie. Alte Laubwaldstandorte wie lichte Buchen- oder Eichenwälder mit genügend Kalk im Boden und mindestens hundert Jahre alt: Das sind die Biotope, in denen man dieses botanische Kleinod findet. Das zeigt den hohen Anspruch, den die Pflanze an den Wuchsort stellt. Diesen Anspruch teilt sie übrigens mit anderen selten gewordenen Pflanzen; wo sie wächst, findet man oft auch den Türkenbund, das Maiglöckchen, den Seidelbast und auch viele Orchideen.
Die „Loki Schmidt Stiftung" in Hamburg ist bundesweit tätig. Sie ist das Ergebnis einer Fusion der Stiftung Naturschutz Hamburg sowie der von Loki Schmidt ins Leben gerufenen Stiftung zum Schutze gefährdeter Pflanzen. Seit 1980 wird der Titel Blume des Jahres vergeben, zu Lebzeiten der leidenschaftlichen Naturschützerin immer von ihr selbst vorgestellt. Kurz vor ihrem Tod 2010 erlebte sie noch, dass ihre Lieblingsblume, die Sibirische Schwertlilie, diesen Titel erhielt.
An vielen Orten sind die bereits erwähnten alten Waldstandorte „verschwunden", d. h. in der Regel einer „modernen", nur noch kommerziell ausgerichteten Forstwirtschaft gewichen. Mit diesen Standorten musste auch das Leberblümchen weichen und hat seine frühere Häufigkeit weitgehend eingebüßt. Da hilft ihm auch nicht, dass es im Volksmund wegen seines frühen Blühtermins „Vorwitzchen" oder weiter südlich sogar „Schneebrecher" genannt wird; implizieren doch beide Bezeichnungen Eigenschaften, die auf eine gewisse Robustheit schließen lassen. Die hat diese Pflanze auch, aber nur im Hinblick auf die klimatisch harten Bedingungen so früh im Jahr.

Die einzelne Pflanze blüht nur etwa eine Woche lang, je nach Standortbedingungen oft schon Anfang bis Mitte März, oft aber auch erst im April. In den meisten Fällen blühen alle Pflanzen eines Standortes gleichzeitig, so dass richtige Teppiche aus blauvioletten Blüten entstehen. Das Leberblümchen ist streng geschützt und darf weder ausgegraben noch abgepflückt werden, auch wenn es als eine der ersten farbigen Blüten des Waldfrühlings noch so reizvoll ist. Viele der so früh blühenden Blumen haben nämlich weiße Blüten (Schneeglöckchen, Märzenbecher, Buschwindröschen) und erinnern damit an den eben erst geschmolzenen Schnee.

Die extrem langsame Verbreitung des Leberblümchens hängt mit seiner Fortpflanzungsstrategie zusammen. Viele Pflanzen lassen ihre Samen vom Wind, von Fluginsekten oder gar von Vögeln verbreiten. Das Leberblümchen nutzt Ameisen, die seine winzigen Nüsschensamen weitertragen. Ameisen sind natürlich weitaus weniger mobil, was letztlich zu einer zwar zuverlässigen, aber eben auch extrem langsamen Verbreitung führt.

Die zu den Hahnenfußgewächsen (Ranunculaceen) gehörende Pflanze wird zwischen fünf und 15 Zentimeter hoch und erhielt ihren deutschen Namen aufgrund der Blattform: in drei (auch bis fünf) Lappen geteilt erinnert diese im Umriss an die menschliche Leber. Die Blüte ist zwar blau bis blauviolett, es kommt aber auch eine rosafarbene Variante vor. Die gesamte Pflanze ist giftig, sie enthält das Gift Protoanemonin, ein heftig wirkendes Reizmittel für Haut und Schleimhäute. Oral aufgenommen verursacht es Übelkeit, Durchfälle, Blutungsneigung und kann zu Nierenschädigungen führen. Die Bedeutung als Heilpflanze hat sie heute weitgehend verloren (das mit der Giftwirkung ist natürlich immer eine Frage der Dosierung!), allenfalls wird sie noch in homöopathischen Dosen bei Lebererkrankungen, Katarrhen und Bronchitis eingesetzt.

Wie alle Hahnenfußgewächse überwintert auch das Leberblümchen mit Wurzelstöcken, aus denen im Frühjahr zuerst die Blüten getrieben werden, lange vor den Blättern. Das hat ihr auch den Namen „Dochder vor de Moder" eingetragen (für alle Nicht-Norddeutschen: Tochter vor der Mutter). Dann aber ist endlich Frühling!

Quellen: Eigene Beobachtungen; Henning Haeupler/Peter Schönfelder: Atlas der Farn- und Blütenpflanzen der Bundesrepublik Deutschland, Ulmer 1989; Burkhard Bohne/Peter Dietze: Taschenatlas Giftpflanzen, Ulmer 2007; Buff/von der Dunk: Giftpflanzen in Natur und Garten, Augsburger Druck- und Verlagshaus GmbH, 1980

Aufsatz für das Online-Portal Suite 101, Dezember 2012

Harzwasser mal elektrisch - Wasserkraft aus dem Okertal

Das Okertal im Harz ist bekannt für seine wildromantische Schönheit, hat aber auch eine wirtschaftliche Seite

Wasserkraft – nur mechanisch genutzt

Wasser ist eine Substanz, die bis heute noch Geheimnisse birgt. Die Forschung bringt immer neue, überraschende Einzelheiten über dieses flüssige Lebenselement ans Tageslicht.
Eines ist jedoch seit Jahrtausenden bekannt: Die Kraft des Wassers. Auf der einen Seite zerstörerisch, wussten die Menschen seit jeher auch die andere, die segensreiche Seite der Wasserkraft zu nutzen. Das geschah zunächst mechanisch mittels Wassermühlen, jahrtausendelang wurde das fließende Wasser von Flüssen und Bächen beispielsweise genutzt, um Mühlräder anzutreiben und Getreide zu mahlen. Eine technische Weiterentwicklung bestand später darin, Wasser aus Fluss oder Bach abzuleiten und einer Mühle zuzuleiten. Damit wirkte man schwankenden Wasserständen sowie der Hochwassergefahr entgegen.
Das war aber noch lange nicht das Ende der Innovationen. Kluge Köpfe aus dem Bereich des Bergbaues entdeckten, dass man mittels Wasserrädern Pumpen betreiben und auf diese Weise Bergwerke entwässern konnte. Namentlich im Harz kamen Erfindungen dieser Art zum Einsatz. Im Harzer Bergbau fand eine weitere, mittels Wasserkraft betriebene Erfindung ihre praktische Anwendung: die sogenannte Fahrkunst. Mit ihrer Hilfe konnte das anstrengende Ein- und Ausfahren der Bergleute aus den Gruben mittels Leitern (korrekt: Fahrten), das zum Teil Stunden in Anspruch nahm, erheblich verkürzt werden. Zudem fiel die körperliche Belastung weg, die fast ebenso groß war wie die gesamte Schicht vor Ort.

Die Elektrizität gab den Innovationsschub

Nach der Entdeckung der Elektrizität und ihrer vielfältigen Möglichkeiten war es nur eine Frage der Zeit, bis der Generator erfunden war, der die Drehbewegung des Wasserrades in elektrischen Strom umwandeln konnte. In Kombination mit genügend Gefälle, um den benötigten Wasserdruck aufzubauen, einer Wasserturbine, einem Generator sowie dem entsprechenden Leitungsnetz war es bald möglich, die vor Ort erzeugte elektrische Energie an nahezu beliebige Orte zu transportieren. Im Okertal im Harz waren die natürlichen Voraussetzungen gegeben, so dass auch schon vor dem Bau der Talsperre die Wasserkraft genutzt wurde. Das ist bis heute so.

Grobrechen

Feinrechen

Abgesehen vom Kraftwerk bei Romkerhalle, welches direkt vom Wasser der Talsperre betrieben wird, findet man eine erste Einrichtung zur Wassergewinnung an der Marienwand. Dort am Ende der großen Westschleife der Oker gibt es nämlich eine Ableitung des Okerwassers in ein Grabensystem und am Beginn des letzteren einen sogenannten Grobrechen. Der Graben führt an der westlichen Talflanke entlang mit wenig Gefälle mehrere hundert Meter talabwärts, streckenweise sogar mittels Tunnel durch die Granitfelsen. Der Grobrechen am Beginn des Grabens hat die Aufgabe, große Äste oder vielleicht sogar Stücke von Baumstämmen aufzuhalten. Sie könnten die Turbine beschädigen. In festgelegten Abständen oder bei akuter Notwendigkeit wird der Rechen von Hand gereinigt.

Am Ende des Grabens, einige hundert Meter talabwärts, stößt man auf die zweite Anlage, die schon wesentlich „technischer" wirkt als der Grobrechen weiter oben. Es ist eine Feinrechenanlage, deren Gitter wesentlich enger ist und die die Aufgabe hat, weitaus kleinere Gegenstände herauszufiltern. So ist diese Anlage denn auch automatisch betrieben und schaltet sich in bestimmten Abständen selbsttätig ein. Die Abstände sind variabel und beispielsweise im Herbst wesentlich kürzer als im Sommer, um das vom Wasser transportierte Laub zurückzuhalten. Ralf Trenke vom der Harzenergie aus Osterode am Harz spricht denn auch vom Laub als exzellentem Dichtmittel, das durchaus in der Lage sei, die gesamte Stromerzeugung zum Erliegen zu bringen.

Eine große Druckleitung führt schließlich von der Feinrechenanlage bis hinunter zum Kraftwerk, etwa 300 Meter mit einem Gefälle, durch das der notwendige Was-

serdruck für den Antrieb der Turbine aufgebaut wird. Dort schlägt das Wasser auf die Turbine und treibt so einen Generator an. 450 Kilowatt können im Schnitt erzeugt werden, was etwa für 150-250 Haushalte ausreicht. Die maximale Kapazität liegt allerdings sogar noch um ein Drittel höher, so Ralf Trenke in einem Fernsehinterview.

Die Größe machts...

Es ist also ein vergleichsweise kleines Kraftwerk, das hier den Strom für ein kleines Dorf liefert. Andererseits wird man nur bei gezielter Suche auf die Kraftwerksanlagen stoßen, sie fügen sich beinahe harmonisch in die Landschaft ein. Keinerlei der sonst heute üblichen Gigantomanie stört das Bild. Das Wasser der Oker wird nicht verschmutzt, lediglich seine Temperatur ist beim Auslauf etwas höher. Das ist zwar für bestimmte Wasserorganismen auch nicht gut, wird aber unterhalb des Kraftwerkes schnell wieder ausgeglichen. Das Erstaunliche: Insgesamt sieben solcher kleineren Kraftwerke nutzen das Wasser der Oker unterhalb der Sperrmauer nacheinander zur Stromerzeugung.
Stichwort Wasserorganismen: natürlich gibt es Auflagen bezüglich der Entnahmemenge: Der Oker muss auf jeden Fall ein bestimmter Anteil des Wasser ungenutzt zur Verfügung stehen, eben um Wasserorganismen nicht zu gefährden oder gar zu schädigen.
Sofern also ökologische Belange ausreichend dabei berücksichtigt werden, scheint die Grundidee der Energiegewinnung aus Wasserkraft möglicherweise gar nicht so schlecht zu sein. Die Anlagen dürfen eben gewisse Größen nicht überschreiten. Angesichts der Geschehnisse im Japan und des Atomausstiegs in Deutschland, angesichts des wachsenden Widerstandes gegen Windenergie, bleiben unserer Gesellschaft vielleicht auch gar nicht so viele Alternativen zur Wasserkraft. Auf elektrische Energie verzichten möchte ja auch niemand.

Quelle: Fa. Harzenergie, Osterode am Harz

Aufsatz für das Online-Portal Suite 101, Januar 2013:

Purpur-Knabenkraut – Orchidee des Jahres 2013

Die Orchideen gehören zu den beliebtesten Blütenpflanzen überhaupt, auch das Purpur Knabenkraut (*Orchis purpurea*)

Orchideen sind die wohl artenreichste Familie der höheren Pflanzen, gleichzeitig sind sie wahrscheinlich eine der jüngsten Pflanzenfamilien. Botaniker vermuten, dass sie bis zu 10 Prozent aller Blütenpflanzen stellen; verschiedene Anzeichen deuten außerdem darauf hin, dass sich diese Pflanzenfamilie aktiv entwickelt. Bastardierungen zwischen verschiedenen Spezies der Familie lassen Experten vermuten, dass die Evolution der Orchideen noch lange nicht abgeschlossen ist.

Anlocken, täuschen, manipulieren

Gerade bei den Orchideen werden viele hochspezifische Anpassungen gefunden, mit denen sie ihre Bestäuber anlocken. So täuschen beispielsweise die Ragwurz-Arten, von denen mindestens sechs auch in Deutschland heimisch sind, ihre Bestäuber dergestalt, dass sie ihnen mittels Blütenform und –farbe einen Geschlechtspartner vorgaukeln. Die Männchen der entsprechenden Insektenart versuchen (geradezu verzweifelt, ist man versucht zu sagen), das vermeintliche Weibchen zu begatten. Sie nehmen dabei die Pollen mit und bestäuben so beim nächsten Versuch eine andere Pflanze. Diese Anpassungen haben zur Vielgestaltigkeit der Orchideen beigetragen und sind letztlich damit indirekt der Grund für die Faszination, die diese Pflanzenfamilie auf viele Menschen ausübt.

Der Gedanke liegt nahe, diese Pflanzengruppe sei die besterforschte und alles, was es dazu zu sagen gebe, sei gesagt. Das ist aber bei weitem nicht der Fall, schon die vielen Vermutungen im ersten Absatz lassen darauf schließen. Selbst die in Deutschland heimischen 55 echten Arten, übrigens alles Erdorchideen, geben immer noch viele Rätsel auf. Ihre tropischen Verwandten, in der überwältigenden Mehrzahl Epiphyten, tun das in noch weit größerem Maße. Epiphyten leben auf anderen Pflanzen wie Bäumen, ohne deshalb aber Schmarotzer zu sein.

Spezialisten für karge, flachgründige und trockene Böden

Trockenrasen sind extrem flachgründige Böden, meist in Hanglage und oft zusätzlich noch zur Sonne ausgerichtet; natürliche Lebensräume dieser Art gibt es wenige in Süddeutschland (Kaiserstuhl!). Die weitaus häufigere „künstliche", als Folge extensiver menschlicher Bewirtschaftung entstandene Form nennt sich „Halbtrockenrasen". Kommt dazu noch Kalk im Boden, ist der typische Lebensraum für viele unserer Orchideenarten perfekt: der Kalk-Halbtrockenrasen. Dort findet man fast ein Viertel der bei uns überhaupt heimischen Blütenpflanzen, darunter sind die Orchideen nur die spektakulärsten.

Und da liegt auch das Problem. Kalk-Halbtrockenrasen sind Menschenwerk. Nach der Industrialisierung der Landwirtschaft und damit dem Ende der extensiven Bewirtschaftung (z. B. durch Schafbeweidung) werden diese Flächen schlicht vergessen und fallen der natürlichen Sukzession wieder anheim. Das bedeutet, dass sie über verschiedene Stadien der Verbuschung in wenigen Jahrzehnten wieder zum Wald werden, der natürlichen Pflanzendecke in Mitteleuropa. Die Umwandlung solcher Flächen in wirtschaftlich nutzbares Land mittels Bewässerung und Kunstdünger ist eine weitere Variante des Verlustes, im Extremfall werden sie einfach überbaut.

Horte der Artenvielfalt

Die große Zahl der dort vorkommenden Blütenpflanzen (ein Viertel, s. o., in Zahlen: über 600!) zeigt schon Ansatzweise die Bedeutung solcher Lebensräume für die Artenvielfalt. Das ist aber noch nicht das Ende der Fahnenstange: die Blüten locken Schmetterlinge und andere Bestäuberinsekten, Raubinsekten folgen, Spinnen, Eidechsen, Kleinsäuger, Vögel und letztlich sogar große Beutegreifer wie Bussard, Habicht und ihre Verwandten, sogar Hase, Reh, Dachs und Fuchs finden sich bei entsprechender Lebensraumstruktur ein.

Die Arbeitskreise Heimische Orchideen (AHO's) in Deutschland wählen nun ihre Orchidee des Jahres nicht einfach willkürlich aus. Das Purpur-Knabenkraut oder wissenschaftlich *Orchis purpurea* soll unter anderem auch auf die Gefährdung dieser Lebensräume aufmerksam machen. Sie wächst nämlich mit Vorliebe auf Kalk-Halbtrockenrasen, an Gebüschrändern, allerdings auch in lichten Kalk-Buchenwäldern. Für letztere gilt aber ebenfalls, dass sie infolge moderner Forstwirtschaft bedroht sind. So setzen sich die AHO's für Pflege- und Entwicklungspläne für die Kalk-Halbtrockenrasen sowie für eine langfristige und nachhaltige Bewirtschaftung von Walbiotopen ein. Viele kleine und große Naturschutzverbände haben sich dies ebenfalls auf die Fahnen geschrieben.

Stattliche Schönheit

Die Purpurorchis, wie sie auch genannt wird, gehört zweifellos zu den schönsten der einheimischen Orchideen. Eine kräftige, oft bis zu 70 cm hohe Pflanze mit eindrucksvollem Blütenstand, der bis zu 5 cm Durchmesser und eine Länge bis zu 20 cm haben kann. Die Einzelblüten sind die größten aller einheimischen Knabenkräuter. Drei der Blütenblätter bilden einen Helm, der außen purpurfarben ist und der Pflanze ihren Namen gegeben hat. Die glänzenden Grundblätter, die als Rosette auf dem Boden stehen, sind ebenfalls die kräftigsten unter den Knabenkräutern.

Je nach Standort blüht sie von Mitte April bis Anfang Juni, gefunden wird sie in fast ganz Mitteleuropa bis östlich vom Schwarzen Meer.

Quelle: Eigenbericht sowie Mitteilungen der Arbeitskreise heimische Orchideen (AHO´s);

Aufsatz für das Online-Portal Suite 101, Dezember 2012:

Harz 2013: Der Romkerhaller Wasserfall im Okertal wird 150 Jahre alt

Das Okertal im Harz ist bekannt für seine wildromantische Schönheit, der Romkerhaller Wasserfall ist allerdings eine technische Leistung

Das Eisschloss der Schneekönigin

Winter mit strengem, langdauern-
dem Frost verwandeln jene Felswand, an der das Wasser der Romke 64 Meter tief ins Okertal stürzt,
in ein fast mystisches Gebilde aus
Eis und manchmal auch Schnee,
das ein wenig an das Märchen von
der Schneekönigin erinnert. Oft gibt
es sogar Wagemutige, die das Herz
der Schneekönigin erobern wollen
und die Eismauern erklimmen: Eis-
kletterer. Sie kommen zum Teil von

weither, um diese (nicht ganz ungefährliche) Herausforderung zu meistern.
Aber zurück zu den nüchternen Fakten. Der Wasserfall ist mit Abstand der höchste
im Harz und gehört daneben sogar zu den zehn höchsten in Deutschland, wenn
man die Alpen außer Betracht lässt. Die Wasserführung lässt ihn allerdings eher
klein erscheinen, nach längeren Trockenzeiten verkümmert er zu einem kleinen
Rinnsal. Das ändert aber nichts an der Tatsache, dass der Wasserfall zu den touris-
tischen Anziehungspunkten im Okertal gehört. Was nicht unbedingt auf den ersten
Blick erkennbar ist und bei Außenstehenden manchmal Erstaunen hervorruft, ist
die Tatsache, dass es sich hier um ein Kunstprodukt handelt. Betrachtet man das
in Naturstein gefasste Auffangbecken und die kleine Aussichtsplattform oberhalb
des Falles, so sind das schon Hinweise darauf. Beides könnte aber auch einem
natürlichen Wasserfall nachträglich hinzugefügt worden sein.

Ein Idyll für das Königspaar

König Georg V. von Hannover ließ 1862 hier einen Jagdsitz errichten, den er aber
wohl nicht lange als solchen nutzte. Kurz nach der Errichtung schenkte er ihn nämlich seiner Frau, Königin Marie, vormals Prinzessin von Sachsen. Es ist nicht über-
liefert, ob der König das Umfeld für seine Gattin besonders idyllisch gestalten wollte
oder ob sie selbst die treibende Kraft dahinter war; Fakt ist, dass 1863 das Wasser
der Romke umgeleitet und über die (natürliche) Plattform ins Tal hinuntergeschickt
wurde – die Touristenattraktion war geboren.
Heute ist der einstige königliche Jagdsitz ein beliebtes Ausflugsrestaurant mit Hotel
und firmiert unter der Bezeichnung „Kleinstes Königreich der Welt". Die Geschichte

dazu ist mal ausnahmsweise nicht typisch deutsch: Bei einer Gebietsreform im Harzraum wurde dieser kleine Fleck schlicht vergessen und keiner der Harzgemeinden zugeordnet – nicht gerade ein Aushängeschild für deutsche Gründlichkeit. Irgend jemand kam später (genau:1988) auf die Idee, hier ein Königreich, nämlich das kleinste der Welt, auszurufen. Der Marketinggag kam an.

Ein Relikt der Erdgeschichte

Verblüffend ist der erdgeschichtliche Aspekt: Vorgänge, die dreihundert Millionen Jahre zurück liegen, haben dafür gesorgt, dass heute dort eine der Touristenattraktionen des Harzes zu finden ist. Seinerzeit erhob sich in der sogenannten „Variskischen Faltung" ein gewaltiges Gebirge aus dem Meer der Karbonzeit, das sich vom französischen Zentralmassiv aus quer durch Europa bis in den Osten Polens erstreckte. Auch Schwarzwald, Thüringer Wald und Harz sind in ihrer Urform bei dieser Faltung entstanden. An die Alpen war übrigens zu jener Zeit überhaupt noch nicht zu denken, die sollten erst rund zweihundert Millionen Jahre später entstehen.

Im Bereich um das heutige Romkerhall muss die Faltung dazu noch überaus dramatisch gewesen sein. Die Gesteinsschichten sind hier nämlich nicht nur senkrecht gestellt, sondern sogar um neunzig Grad überkippt. Genau diese Überkippung ließ jene natürliche Felsplattform entstehen, von der das Wasser heute 64 Meter tief ins Okertal fällt. Es lohnt sich auch, einmal einen Blick auf die Gesteine selbst zu werfen. Eines der merkwürdigsten ist der sogenannte Kramenzelkalk. Alte, von Rossameisen durchlöcherte Baumstümpfe sehen fast genau so aus. Die Ursache: weiche Kalklinsen in härterem Gestein, die mit der Zeit herauswittern und kleine Löcher hinterlassen. In einem sauerländischen Dialekt heißen Ameisen „Kramenzeln", und so kam das Gestein zu seinem Namen.

Ausgangspunkt für interessante Ausflüge

Romkerhall selbst bietet nicht nur den Wasserfall. So ist schräg gegenüber das Mundloch des Oker-Grane-Stollens, durch den bei Bedarf Wasser aus dem Einzugsgebiet der Oker zur Granetalsperre geleitet wird. Letztere ist eine Trinkwassersperre. Nicht zu übersehen ist neben dem Wasserfall das Elektrizitätswerk mit den gewaltigen Rohren, die das Wasser aus der Okertalsperre auf die Turbinen leiten.

Nur wenig südlich findet sich die mächtige Bogenmauer der Okertalsperre, sowohl Aussichtspunkt als auch Startpunkt für eine Wanderung rund um den Stausee. In nördlicher Richtung wandert man rechts oder links des Tales mit dem Okerwasser durch eines der schönsten Täler des Harzes; nicht umsonst nennt man es auch das „Bodetal des Westharzes" oder auch „kleines Bodetal". Die Einheimischen bevorzugen allerdings den Begriff „wildromantisch", weil solche Vergleiche in der Regel keinem gerecht werden. Den schönsten Ausblick auf diese „wilde Romantik" hat man vom Großen Ahrendsberg aus, der hinter dem Elektrizitätswerk in den Himmel ragt. Der Aufstieg ist allerdings ziemlich anstrengend.

Der fünfzigste Jahrestag der Inbetriebnahme der Okertalsperre im Jahre 2006 blieb in der Öffentlichkeit eher unbemerkt. Man darf daher gespannt sein, ob im Jahr 2013 irgend jemand im Harz an den Geburtstag dieser kleinen, aber feinen Touristenattraktion denkt.

Quelle: Gerwin Bärecke: Oker – lebendige Vielfalt, Ein Stadtteil und seine Naturschätze; Verlag Fotostudio Schadach, Goslar; September 2011

Aufsatz für das Online-Portal Suite 101, Dezember 2012:

Hamburger Hallig – ornithologisches Kleinod im Wattenmeer

Es gibt viele Halligen an der Westküste Schleswig-Holsteins, aber nur eine, die eine „Landverbindung" hat: das Vogelparadies Hamburger Hallig.

Ursprünglich gehörte das Gebiet der heutigen Hamburger Hallig zum sogenannten Amsinck-Koog, dessen Name auf die Hamburger Senatorenfamilie Amsinck zurückgeht. Diese war im 17. Jahrhundert im Besitz des Kooges, der allerdings der großen Sturmflutkatastrophe von 1634 zum Opfer fiel. Der Koog wurde wieder zur Hallig, das Haus der Familie verfiel. 1855 entstand der Plan einer Damm-verbindung zur Hallig, die letzte Lücke konnte allerdings erst 1875 geschlossen werden. Die Aufschlickung beiderseits des Dammes war zu diesem Zeitpunkt schon so weit fortgeschritten, dass Pionierpflanzen (Queller) bereits neuen fruchtbaren Boden vorbereitet hatten: Die Grundlage für das Vogelparadies Hamburger Hallig war geschaffen. Der Name aber erinnert bis heute an die alten Besitzer aus Hamburg.

Refugium für den Säbelschnäbler

Im April 1930 wurden die Hallig und das inzwischen neu entstandene Land rechts und links des ursprünglichen Dammes unter Naturschutz gestellt. Der Grund war eine einzige Vogelart: der Säbel-schnäbler. Seine Population auf diesem Fleckchen Erde sollte erhalten und vor zerstörerischen menschlichen Einflüssen bewahrt werden.
Ökologische Zusammenhänge und Überlegungen, wie sie heute eine Rolle

bei der Unterschutzstellung von Gebieten eine Rolle spielen, waren damals noch nicht in dem Maße bekannt, wie sie das im 21. Jahrhundert sind. Andererseits hätten genau diese ökologischen Überlegungen früher oder später ebenfalls zum Schutz der Hamburger Hallig geführt. Sie liegt nämlich in einer Urlandschaft, dem Wattenmeer, und gehört damit zu einem der letzten natürlichen Großlebensräume in Europa. Natürlich bedeutet in diesem Zusammenhang, dass er weitgehend selbstregulierenden Mechanismen unterliegt.

Produktionsfaktor Wattenmeer

Zwischen Holland und Dänemark erstreckt sich das Wattenmeer über viele tausend Quadratkilometer und sucht tatsächlich auf der ganzen Welt seinesgleichen. Geringe Wassertiefe, ein extrem flach zur offenen See hin abfallender Meeresboden und die Gezeiten: Das sind die Zutaten, aus denen dieser Lebensraum besteht. Zweimal am Tag bringt das einströmende Wasser ungeheure Mengen organischer und anorganischer Senkstoffe. Dies, in Verbindung mit dem Rhythmus der Gezeiten und der lebenspendenden Sonne sorgt für eine Produktion an Biomasse, die nur mit tropischen Regenwäldern verglichen werden kann; allen voran steht die ungeheure Vermehrung einzelliger Algen.

Vor allem viele wirbellose Tiere wie z. B. Wattwürmer, profitieren davon und vermehren sich bei diesem Nahrungsangebot ebenfalls beinahe uferlos. Das aber ist letztlich die Nahrungsgrundlage für Millionen von Wat- und Wasservögeln, ganz abgesehen von Fischen wie Scholle, Seezunge und Sprotte, die hier ihre Aufzuchtgebiete haben.

Für viele Vogelarten spielen zusätzlich die angrenzenden Salzwiesen eine große Rolle als Brut- und Aufzuchtareale für die Jungen; für viele Millionen durchziehender Vögel sind das Watt und die angrenzenden Flächen ein idealer Rastplatz auf dem Weg nach Süden und für viele sogar Überwinterungsraum.

Information und Rastplatz für Besucher

Die Vogelwelt hat nun ihrerseits eine große Anziehungskraft auf eine weitere Spezies, allerdings aus der Familie der Säugetiere: uns Menschen. Viele der Besucher sind natürlich Profis, meist erkennbar am Stativ mit dem darauf montierten Spektiv oder mindestens einem großen Fernglas. Viele sind aber auch „ganz normale" Menschen", die gerne in der Natur sind und sich das Geschehen z. B. während des Vogelzuges ansehen. Für beide Gruppen gibt es Informationen satt diesseits am Fuße des Deiches im Amsinck-Haus. Vom Frühjahr (Brutzeit) bis zum Herbst (Zugzeit) ist das Claus-Jürgen-Reitmann-Haus mit einem (einer) VogelwartIn besetzt, dort sind aktuelle Informationen aus erster Hand zu bekommen. Das Haus liegt auf dem Schafsberg ca. 2 km vom Deich entfernt.
Nach weiteren ca. zweieinhalb Kilometern erreicht man den Hallig-Krog, der im Sommerhalbjahr täglich geöffnet hat, zu anderen Zeiten allerdings sollte man sich wegen der „naturabhängigen" Öffnungszeiten vorher informieren. Der Krog gehört zu den Nationalpark-Partnern und erfüllt strenge Auflage für die natur- und umweltschonende Bewirtschaftung.

Naturerlebnisse pur

Das ganze Jahr über gibt es etwas zu sehen. Winddichte, warme Kleidung sowie ein gutes Fernglas oder Spektiv vorausgesetzt, steht der Beobachtung von Weißwangengänsen, Ringel- und Graugänsen und anderen Verwandten nichts im Wege. Hunderte von Brachvögeln, Schneeammern, Bergfinken und Ohrenlerchen sind im Januar und Februar vor Ort, im März kommen Säbelschnäbler, Küstenseeschwalben, Rotschenkel und viele andere in ihre Brutgebiete zurück.
Im April (etwa ab Mitte des Monats) kann man mit etwas Glück Zeuge eines beeindruckenden Schauspiels werden: die Weißwangengänse ziehen ab, um in ihre Brutgebiete in Skandinavien zu fliegen. Zehntausend oder mehr Gänse in der Luft sind nicht nur ein faszinierender Anblick, sondern auch ziemlich ohrenbetäubend. Zur gleichen Zeit beginnt auch der Durchzug der Limikolen wie Alpenstrandläufer und Knutts und viele andere.
Von Mai bis Juli ist Brut- und Aufzuchtzeit, das bedeutet für den Besucher, dass er noch mehr Umsicht als sonst zeigen muss. Informationen darüber sind an den genannten Orten zu bekommen.
August bis November sind die Monate mit den größten Zug- und Sammelbewegungen, vor allem bei den Limikolen. Ab September beginnt dann der eigentliche Vogelzug, der bis in den November hinein anhält und viele schöne Beobachtungen ermöglicht. Im Dezember verhindern manchmal Schnee und Eis die Beobachtungen, nur offenes Vorland lässt Gänse, Enten und einige Kleinvögel erwarten. Aber im Januar geht es schon wieder von vorn los!

Quellen: Eigene Beobachtungen; NABU Schleswig-Holstein (Internetseite); Claus J. Reitmann: Die Hamburger Hallig, Breklumer Verlag 1983; Georg Quedens: Nationalpark Wattenmeer, Breklumer Verlag 1988

Aufsatz für das Online-Portal Suite 101, Dezember 2012:

Fehmarn – Vogelzug im Herbst

Die Ostseeinsel Fehmarn ist ein touristisches Kleinod, gleichzeitig aber auch ein vogelkundliches Highlight, besonders im Herbst

Die Fehmarnsundbrücke gehört sicher zu den bekanntesten Brückenbauwerken in Deutschland. Jeder, der mit dem Auto oder dem Zug die Insel besucht oder auch nur als Transferstation für die Weiterreise mit der Skandinavienfähre nutzt, kennt diese imposante Brücke. Sie ist ein Teil der Vogelfluglinie, und das ist das Stichwort. Viele Vögel ziehen in den kalten, vor allem aber nahrungsarmen Wintermonaten aus ihren Brut- und Aufzuchtgebieten in südlichere Gefilde, vor allem jene, die in den skandinavischen Ländern den Sommer verbringen. Auf ihrem Flug in den Süden nutzen sie in der Regel seit Jahrtausenden ganz bestimmte Flugrouten. Eine davon führt über den Fehmarnbelt und die Insel Fehmarn und heißt – eben Vogelfluglinie.

Trittstein und Winterquartier

Die beste Zeit für eine vogelkundliche Exkursion auf Fehmarn ist die zweite Septemberhälfte und der Oktober, das heißt aber nicht, dass es sich für den Rest des Jahres nicht lohnt, Ausschau nach den Gefiederten zu halten. Aber der Herbstzug ist eben gerade auf der Ostseeinsel besonders eindrucksvoll. Dabei dient Fehmarn

aber nicht nur als Rastplatz, also quasi als Trittstein auf dem Weg nach Süden. Viele Individuen der nordischen Vogelarten überwintern sogar hier und fliegen nur weiter nach Süden, wenn der Winter es „gar zu gut" meint. Aber zurück zum Herbst.
Ein gutes Vogelbestimmungsbuch sowie mindestens ein achtfaches Fernglas, besser noch ein

zehnfaches, sollte man für eine Exkursion bei sich haben. Durchziehende Vögel sind meist nur kurze Zeit zu sehen und daher mit dem Fernglas am besten zu beobachten. Letzteres ist leicht zu handhaben, schnell und vor allem beweglich, setzt aber wegen der eingeschränkten Vergrößerung auch eine relativ gute Artenkenntnis voraus, gerade bei Gänsen, Wat- und Kleinvögeln. Rastende Vögel sind meist nur aus größerer Entfernung zu beobachten, da sie sich aber wenig bewegen, ist hier der Einsatz eines Spektives zu empfehlen. Wegen der starken Vergrößerung (je nach Gerät 40 bis 80-fach!) gehört es natürlich auf ein stabiles Stativ und ist so weniger flexibel. Allerdings hat man damit die Möglichkeit, auch schwierigere Arten auf weite Entfernungen ziemlich sicher zu bestimmen und, per „Digiscoping", sogar einigermaßen gut fotografieren. Das Adjektiv „stabil" vor dem Stativ ist unter anderem auch wegen des oft kräftigen Windes wichtig, der lässt nämlich bei einem Billigstativ ziemlich nervige Vibrationen entstehen, die schon bei 40-facher Vergrößerung oft nichts mehr erkennen lassen. Stichwort Fotografie: längste Brennweiten sind schon erforderlich, solche, wie sie z. B. die Superzoom-Bridgekameras mitbringen. Warme, winddichte Kleidung und eine Kopfbedeckung seien hier ebenfalls ausdrücklich empfohlen.

Beste Bedingungen an der Nord- und Westküste

Natürlich kann man auch im Inneren der Insel gute Beobachtungen machen, aber die Küsten sind dem deutlich vorzuziehen. Vor allem in den großen, attraktiven Schutzgebieten an der Nord- und Westküste trifft man in der Regel die meisten „Ornis" an; erkennbar immer an den oben geschilderten Ausrüstungsteilen, manchmal auch zusätzlich an einer schweren Kameraausrüstung mit riesigem Teleobjektiv. Manche Angehörige dieser Spezies geben sogar bereitwillig Auskunft über das, was sie da gerade beobachten, andere fühlen sich aber auch genervt von wissens-hungrigen Laienbeobachtern. Da heißt es, mit Fingerspitzengefühl heranzugehen. Zwischen Puttgarden an der Nordost"ecke" der Insel bis hinunter zum Naturschutz-gebiet Krummsteert-Sulsdorfer Wiek ganz im Südwesten zieht sich ein System von Stränden, Strandwällen, kleinen Wäldern, Heideflächen, Schilfgürteln und Strand-seen hin, das in dieser Vielfalt und Ausdehnung wohl seinesgleichen suchen dürf-te; teilweise sind die Flächen auch aus gutem Grund unter Naturschutz gestellt und nicht oder nur eingeschränkt begehbar: Stichwort Grüner Brink westlich von Putt-garden. Für Naturbeobachter jedenfalls ist das so etwas wie ein kleines Paradies, für den Vogelkundler zur Zugzeit wohl gar ein El Dorado. Absolutes Highlight ist dabei zweifellos der Greifvogelzug, der Ende August bis Anfang September statt-findet, allerdings im Jahr 2012 auch noch Anfang Oktober. Hunderte, ja Tausende von Greifvögeln ziehen innerhalb kurzer Zeit durch, ein unvergleichliches Erlebnis. Wespen-, Mäuse- und Rauhfußbussarde, Sperber, Fischadler, Rotmilane, sogar Eulen sind zu sehen; die gleichzeitig in Bodennähe ziehenden Kleinvögel werden dabei fast übersehen.

Wer einen guten Einstieg in die Natur- und besonders die Vogelbeobachtung auf der Insel sucht, dem sein das Wasservogelreservat Wallnau des Naturschutzbun-des NABU empfohlen. Ein erstklassiges Infozentrum, ein Shop mit u. a. viel Fach-literatur, ein Naturlehrpfad und viele Beobachtungsunterstände lassen einen Be-such dort zum Erlebnis werden.

Quelle: Eigenbericht

Aufsatz für das Online-Portal Suite 101, Dezember 2012:

Das Wasservogelreservat Wallnau auf Fehmarn

Infozentrum, Bildungseinrichtung, Naturerlebniszentrum und Naturschutzgebiet: All das und mehr ist Wallnau auf Fehmarn

Wer nicht unbedingt Wert darauf legt, sommers am Strand zu brutzeln, zu schwimmen, zu surfen und was der kurzweiligen Tätigkeiten mehr sind, der sollte den Herbst als Reisezeit ins Auge fassen, vielleicht auch das späte Frühjahr, je nachdem, welche Zeit ihr oder ihm für Naturbeobachtungen interessanter erscheint. Darum geht es hier: Naturbeobachtungen. Ist die Insel Fehmarn an sich schon ein Highlight für diese entspannende Tätigkeit, so trifft das um so mehr für das Wasservogelreservat Wallnau an der Westküste der Insel zu.

Das Infozentrum

Schon am Eingang ist zu sehen: Das Infozentrum ist behindertengerecht, der erste Eindruck auch insgesamt äußerst positiv. Vor zwanzig Jahren war das auch schon so, allerdings gelten heute sicher andere Maßstäbe, und die werden hier weit übertroffen. Die Ausstellung, durch die man zwangsläufig nach dem Lösen der Eintrittskarte muss, ist ein museumspädagogisches Highlight. Sie ist durchaus geeignet, den interessierten Besucher fast vom Betreten der Außenanlagen abzuhalten. Der im Jahre 2004 abgeschlossene Umbau hat sich effektiv gelohnt. Die Führungen beginnen übrigens immer in der Ausstellung.

Das mit dem positiven Eindruck gilt genau so für den Shop und den gastronomischen Teil im Erdgeschoss. Im Shop sind vor allem Bücher mit Naturthemen interessant, namentlich auch Bestimmungsliteratur. Man kann vergleichen und testen, prüfen und erst dann kaufen – im Buchhandel bei dieser Art Literatur nicht mehr unbedingt selbstverständlich. Lukullische Spezialitäten sucht man im Angebot des Gastraumes vergeblich – aber wer sucht die hier schon. Jedenfalls schmeckt das, was angeboten wird, ausgesprochen lecker, vor allem nach einem Rundgang in frischer Luft.

Die Außenanlagen

Dieser Rundgang ist für Wissbegierige geradezu eine Offenbarung. Unterschiedlich gestaltete Biotopbereiche mit vielen Stationen zum Ausprobieren und Kennenlernen. Geschicklichkeitsübungen, Klangstationen und immer wieder Informationstafeln lassen eine kleine Wanderung hier fast zum Abenteuer werden; insbesondere Kinder dürften absolut begeistert sein. Dabei sind natürlich nicht nur Vögel zu sehen, Insekten stehen genau so auf dem Programm wie Säugetiere, Amphibien, Pflanzen, Pilze und Flechten – eben Natur in ihrer Gesamtheit und mit all ihren Zusammenhängen. So gibt es ein Insektenhotel, in dem man neben den normalen Wespenarten z. B. auch unsere größte einheimische Wespe, nämlich die Hornisse, beinahe hautnah erleben kann (sie sind, allen Unkenrufen zum Trotz, nicht aggressiv!).

Wallnau wäre allerdings nicht Wallnau, wenn es nicht auch und vor allem um die gefiederten Ureinwohner und Gäste ginge. Vogelzug und dessen Beobachtung und Erforschung waren die Ursprünge des ehemaligen Teichgutes und heutigen Reservates Wallnau. So gibt es überall im Gelände sogenannte „Hides", also Verstecke in Form ziemlich massiver Unterstände. Vor jedem dieser Beobachtungsstände ist die Landschaft etwas anders gestaltet, so dass man jeweils die charakteristischen Vogelarten bestimmter Lebensraumtypen beobachten (und fotografieren) kann. Übers Jahr gerechnet sind es so mehr als 250 Vogelarten, die hier beobachtet werden können. Und wer in der Artbestimmung noch nicht so versiert ist, der kann sich einer der regelmäßigen Führungen anschließen, während derer alles Wesentliche erläutert wird.

Das Wasservogelreservat bietet neben den geschilderten noch viele weitere Möglichkeiten, beispielsweise die Gestaltung von Kindergeburtstagen, Bildungsangebote für Schulklassen oder die Möglichkeit, gut ausgestattete Seminarräume zu buchen. Selbstredend werden auch vom NABU selbst Seminare zur Naturschutz- und Umweltbildung an-

geboten. Und dass junge Menschen hier das FÖJ (Freiwilliges Ökologisches Jahr) ableisten können, muss man beinahe nicht mehr erwähnen. Auch ehrenamtliches Engagement wird gern gesehen. Insgesamt kann man sich auf der Internetseite des Reservates einen guten Überblick verschaffen, egal ob man helfen, lernen, beobachten oder einfach nur mal die Öffnungszeiten wissen möchte.

Quelle: Eigenbericht

Aufsatz für das Online-Portal Suite 101, Dezember 2012:

Tipperne: Vogelparadies im Ringkøbing-Fjord, Dänemark

Ein Besuch auf der Halbinsel im Süden des Ringkøbing-Fjordes an der dänischen Westküste

Die dänische Bezeichnung „Fjord" findet ihre Entsprechung im deutschen „Förde". Damit ist einfach ein tief ins Land reichender Meeresarm gemeint. Man darf also keine gewaltigen Fjorde wie in Norwegen erwarten, der Unterschied ist schlicht, dass dort hohe Berge um diese Meeresarme herum stehen. Der Ringkøbing-Fjord liegt in Flachland der dänischen Westküste und ist eher mit einem Strandsee zu vergleichen, wie er beispielsweise auf der Ostseeinsel Fehmarn zu finden ist.

Früher mit dem Meer verbunden und nicht reguliert, hatte der Fjord noch eher Nordsee-Charakter. Das änderte sich, als die Öffnung zur Nordsee versandete und in Hvide Sande eine Schleuse gebaut wurde, mit der die Nordsee draußen und das Süßwasser aus den Zuflüssen weitgehend drin gehalten wurde. Damit reduzierte sich der Salzgehalt allmählich, die Pflanzenwelt in den flachen Überschwemmungszonen änderte ihre Zusammensetzung ebenfalls. Diese Entwicklung lässt im Laufe der Zeit viele Naturoasen entstehen, die es ansonsten in dieser Form nicht gegeben hätte.

Trotz der fehlenden Berge ist das Land um den Ringkøbing-Fjord herum immer eine Reisempfehlung wert, zumal einer Umfrage der Universität Cambridge zufolge an seinen Ufern die glücklichsten Menschen der Welt leben, namentlich in der Stadt Ringkøbing an seinem Nordende. Hier soll es aber um ein Vogelparadies auf einer „kleinen" Halbinsel im südlichen Ringkøbing-Fjord gehen, mit beinahe schon legendärem Ruf. „Klein" ist das Gebiet denn auch nur auf der Landkarte, wenn man mittendrin ist, kommt es einem geradezu riesig vor. Die nördliche Spitze der Halbinsel mit dem „Tipperhuset" ist Schutzgebiet und nur einmal in der Woche, nämlich sonntags vormittags, zugänglich.

Die Fahrt zieht sich sehr lange hin, wenn man zwischen Nymindegab und Bork Havn in Richtung Tipperne abgebogen ist. Weite Weide- und Ackerflächen säumen die Straße, linker Hand liegen die drei Dünen mit den alten Jagd- und Beobachtungshütten. „Vaermengene" heißt das Gebiet. Kurz danach stößt man auf die „Südscheune", ein Rastplatz mit einer ersten Beobachtungsmöglichkeit und einer Ausstellung zu den Naturgegebenheiten der Tipperne.
Das „Tipperhuset" selbst ist ein wenig enttäuschend. Die Beobachtungsmöglichkeiten sind nicht ganz so schön, der Turm ist sehr eng und bietet vielleicht 2-3

Leuten Platz, wenn sie Spektive und Stative haben, ist selbst das schon zuviel. Ein Spektiv braucht man aber auf jeden Fall. Der Weg, den man etwa 2-3 km in westlicher Richtung entlanggehen kann, bietet ebenfalls kaum erhöhte Stellen, so dass man den breiten Schilfgürtel nur schwer überblicken kann. Ein Schildbürgerstreich allerdings kann Hundebesitzer schon leicht irritieren: Der Hund darf auch an der Leine nicht mit, so zumindest ein Hinweisschild am Parkplatz. Allerdings ist auch die Beschilderung hier nicht ganz eindeutig; wenige Meter weiter zum Tipperhuset hin steht ein weiteres: Hunde ja, aber nur an der Leine. Da wünscht man sich etwas mehr Eindeutigkeit.

Was gibt es aber nun alles zu sehen? Ein wenig hängt das natürlich von der Jahreszeit des Besuches ab, aber mehrere Strand- und Wasserläuferarten, Kampfläufer, Rot- und Grünschenkel, mehrere Regenpfeiferarten, unter anderem auch Goldregenpfeifer, Uferschnepfen, Großer Brachvogel und viele andere Vögel der Strandwiesen. Hinzu kommt selbstverständlich der dänische Nationalvogel, der Höckerschwan, Grau-, Kurzschnabel-, Bläss- und andere Gänsearten, viele Entenarten, Brandenten (manchmal auch Brandgänse genannt) und über ihnen in der Luft auch Jäger wie die Rohrweihe, die Kornweihe, der Fischadler und sogar der Baumfalke, der in den Uferbereichen nistet. Die Aufzählung ist damit bei weitem noch nicht vollständig, gibt aber schon einen Eindruck von der Vielfalt der zu beobachtenden Arten.

Für den Rückweg aus dem Gelände heraus muss man übrigens den Zeitfaktor mit einkalkulieren. Das Tor, das man bei der Anfahrt durchfahren muss, wird wohl (im September) um 12:00 Uhr ohne Vorwarnung geschlossen. Man braucht vom Tipperhuset aus etwa 10 Minuten bis dorthin. Hat man es nicht geschafft, kommt man im Zweifel erst eine Woche später wieder ´raus.

Auf dem Rückweg sollte man eine Rast in Bork Havn einlegen. Der Fischereiort an der Südspitze des Ringkøbing-Fjords wartet zunächst mit einer Besonderheit für die Freunde der Wikinger auf: Ein richtiges Dorf gibt es hier, mit allem, was das Herz eines Nordmannes begehrt, ob es nun die einst überall gefürchteten Wikingerschiffe sind, oder die Häuser, in denen die Nordmänner lebten – alles hautnah zu erleben. Ein paar der alten Haudegen haben sogar überlebt, sie sind hier anzutreffen und zeigen das tägliche Leben, das es neben den Eroberungszügen natürlich auch gab. Daneben sollte man sich den Yachthafen ansehen – bei warmem Sommerwetter glaubt man beinahe, irgendwo am Lago Maggiore zu sein!

Quelle: Eigenbericht sowie „Tipperne - Die Vögel der dänischen Westküste" von Jens Gregersen und Niels Hannow, Verlag Bygd, Esbjerg, 1975

Aufsatz für das Online-Portal Suite 101, Dezember 2012:

Skjern Enge – Naturparadies am Ringkøbing-Fjord in Dänemark

Skjern Enge sind die Wiesen von Skjern, ein dänischer Nationalpark am Ostufer des Ringkøbing-Fjords: Ein Naturparadies

Nähert man sich der Stadt Skjern von Süden her, also etwa von Bork Havn, sollte man den Luftraum beobachten. Mit ein wenig Glück wird man ein „fliegendes Brett" sehen können, zumindest etwas, das diesen Eindruck erweckt. Es ist ein Seeadler. Andere Greifvögel versuchen, ihn aus ihren Revieren zu vertreiben. Hat man das Glück, auch dies beobachten zu können, wird man am immensen Größenunterschied sehen, was für ein gewaltiger Vogel der Seeadler ist. Er kommt ganz sicher aus dem Gebiet von Skjern Enge herüber.

Skjern Enge heißt soviel wie „die Wiesen von Skjern" oder wörtlich „Skjern Wiesen". Das ist eigentlich fast alles, was man beim ersten Besuch dieses Gebietes darüber weiß, und der Name verheißt eigentlich nichts Besonderes.

Überraschende Vielfalt

Es ist eine echte Überraschung, wenn sich die „Wiesen" dann zum ersten Mal vor den Augen des Betrachters ausbreiten. Was sich da westlich der Stadt Skjern „Wiesen" nennt, ist wohl aus der Sicht des Naturfreundes so etwas wie ein Paradies, auch wenn diese Formulierung jetzt klischeehaft wirkt. Zweitausendzweihundert Hektar Feuchtgebiete, Seen, drei Flußauen, tausende seltener Vögel und Pflanzen, Insekten in ungeahnter Vielfalt und, ach ja, Wiesen sind auch dabei.

Dreißig Jahre lang ist dieses Gebiet intensiv landwirtschaftlich genutzt worden, bis es in den Jahren 1999 bis 2003 Nordeuropas größtes Renaturierungsprojekt wurde. Das Ergebnis ist einzigartig. Es ist eigentlich das alte Delta des Flusses Skjern Au, das sich kurz vor der Einmündung in den Ringköbing-Fjord gebildet hatte. Mit der Umgestaltung hat das Gebiet nun einen Status erreicht, der es in die erste Liga der Naturschutzgebiete von internationalem Rang erhebt, seit Ende 2008 sogar mit dem Gütesiegel „Nationalpark".

Es ist geradezu ein Vergnügen, die Vogelarten aufzuzählen, die man hier beobachten kann. Vom Zwergtaucher zum Haubentaucher, von der Krickente zur Löffelente, vom Säbelschnäbler zu Kampfläufer und Bekassine, Löffelreiher, Singschwan, Spießente, Graugans, Weißwangengans, Fisch- und Seeadler und natürlich die Kobolde solcher Lebensräume, die Kiebitze. Die Aufzählung ist selbstredend nicht vollständig, aber sie zeigt doch schon deutlich das Potenzial dieses einmaligen Gebietes. Von verschiedenen Beobachtungsstationen aus kann man durchaus an einem Tag so viel sehen wie anderswo nicht in einer Woche. Am Besten geht das Ende September, da ist das Brutgeschäft vorbei, die Vögel streifen frei im Gebiet umher und die ersten Wintergäste und Durchzügler sind da!

Besucher sind willkommen!

Ein ganz wichtiger Punkt kommt noch hinzu: es ist hier gelungen, den Menschen nicht auszusperren. Weit über 20 Parkplätze rund um das Gebiet, Aussichtsplattformen, Wanderwege ganz speziell angelegt, um die Vogelwelt in Ruhe beobachten zu können. Man kann es zu Fuß, mit dem Fahrrad oder sogar dem Pferd erkunden, man kann eine Seilfähre selbst betätigen und zwischen Mitte Juni und Ende Februar, also außerhalb der Brutzeit, von Borris aus den Fluss mit Kajak oder Kanu bis zum Fjord befahren.

Kommt man von Süden her, findet man ein Haus mit einer Ausstellung zum Gebiet und ausgezeichnetem Informationsmaterial. Nicht weit davon gibt es einen Beobachtungsturm, man kann von hier aus fast das gesamte südliche Gebiet überblicken. Mit etwas Geduld beobachtet man Kormorane, Graugänse, Knäk- und Schnatterenten, Blesshühner und auf einer Weide in der Nähe jede Menge Gänse und einige Rehe.

Von Lønborg aus führt die Straße schnurstracks durch das Gebiet. Vom Parkplatz an der Brücke unterhalb der Lønborg Kirche aus ist eine Wanderung in den westlichen Teil zu empfehlen. Es ist durchaus möglich, dass man dabei von einem Fisch-

adler begleitet wird.

Die Weiterfahrt führt zur Pumpenstation im nördlichen Teil, von deren Beobachtungsplattform man ebenfalls einen fantastischen Blick hat. Hier ist auch die Seilfähre und ein kleines Fischerhaus, das als Museum eingerichtet ist. Das kann man allerdings nur von außen betrachten, die Innenräume nur durch die Scheiben. Verständlich, aber das Haus ist trotz der einsamen Lage gut erhalten. Es kann fast als sicher gelten, dass es in Deutschland in ähnlicher Situation bereits irgendwelchen Vandalen zum Opfer gefallen wäre.

Filmen und fotografieren in diesem Gebiet ist geradezu eine Lust, längere Brennweiten sind allerdings Voraussetzung. Das ist fast schon allein einen ganzen Urlaub wert. Übrigens: man glaubt nicht, wie gut ein Wurstbrot oder ein Apfel hier draußen schmecken kann, in der warmen Sonne, an der frischen Luft, mit Gänse- und Kiebitzrufen rundherum...

Es gibt durchaus noch weitere beeindruckende Naturlandschaften im Westen Jütlands, so z. B. die Steilküste von Ferring, den Vest Stadil Fjord nördlich und die Halbinsel Tipperne südlich am Ringkøbing-Fjord, aber: das Naturreservat Skjern Enge ist überwältigend!

Aufsatz für das Online-Portal Suite 101, Dezember 2012:

Die Steilküste von Ferring – Landschaftsjuwel in Jütland

Jütlands Westküste ist geprägt von eindrucksvollen Dünenlandschaften und flachen Stränden, doch es geht auch anders, beispielsweise in Ferring...

Die Dünenlandschaft an der dänischen Westküste ist nicht nur eine Urlandschaft wie beispielsweise die Alpen oder auch eines unserer Mittelgebirge, sie hat dazu auch noch eine Schutzfunktion für das Hinterland, sie hat trotz aller Ferienhaus-Siedlungen nicht viel von ihrem natürlichen Charakter verloren und ist daher immer noch ein Hort für seltene Pflanzen und Tiere. Nicht von ungefähr hat sie daneben auch Generationen von Malern, Zeichnern und Fotografen in ihren Bann gezogen.

Naturlandschaft und Technologiegeschichte

Fährt man die Küstenstraße vom Ringkøbing-Fjord aus nach Norden, so erreicht man über Thyborøn am Nissum-Fjord schon bald die hügelige Landschaft in der Nähe des kleinen Ortes Ferring. Ein Tipp für einen Abstecher ins Landesinnere: Wenige Kilometer östlich von Ferring liegt der Staatsforst Klosterheden. Es gehört zu den größten Forsten im Land und beherbergt außerdem eine ganz große Besonderheit: den einzigen wildlebenden Biberbestand in Dänemark.

Zurück zur Küste: Schon von weitem und als allererstes fällt das Leuchtfeuer von Bovbjerg ins Auge. 1877 wurde der rote Turm in Betrieb genommen, übrigens ziemlich genau 55 Jahre nach der Erfindung eines französischen Physikers (Augustin Fresnel), ohne die Leuchtfeuer wie dieses gar nicht funktionieren würden. Die nach Fresnel benannte Linse macht es erst möglich, einen Lichtstrahl so zu bündeln, dass er buchstäblich meilenweit zu sehen ist. Der Leuchtturm wird heute vom dänischen Seezeichenamt betrieben und ist daneben Café, Veranstaltungs- und Kulturzentrum sowie eben auch ein Stück Technologiegeschichte.

Auf der Anfahrt zum Leuchtturm erhascht man hier und da bereits einen Blick auf das landschaftliche Highlight hier an der Küste, und das ist ohne Zweifel der Steilabfall hin zur Nordsee. Interessant zu beobachten: die meisten Ankömmlinge benutzen erst einmal die Treppe zum Strand, die fast 60 Meter Höhenunterschied überwindet, und zwar ohne die herrliche Aussicht zu genießen, die sich von hier oben bietet und die die meisten Besucher erst nach dem Aufstieg bemerken. Von oben hat man von bestimmten Punkten aus nämlich auch einen faszinierenden

Blick auf die Steilwände, aber vom Strand aus ist der Anblick einfach überwältigend. Etwas versteckt gibt es übrigens auch einen schmalen Pfad, der in Serpentinen hinunterführt und nicht ganz so anstrengend und steil ist wie die Treppe (vor allem für den Rückweg interessant!). Weiter draußen auf dem Meer soll der Steilküstenabschnitt übrigens den Anblick eines Schiffsbugs bieten, was gut vorstellbar ist, steht man am Strand und blickt auf die Steilwände. Der Name Bovbjerg kommt auch tatsächlich daher, denn Bov heißt „Bug". Dieser Schiffsbug galt auch ohne den Leuchtturm bereits als Seezeichen, er zeigte den Schiffsbesatzungen, wo an der dänischen Küste sie sich befanden.

Ein Blick in die Erdgeschichte

Allerdings gibt es nach mehr oder weniger kurzer Zeit ein Problem: man muss nämlich die Treppe auch in die umgekehrte Richtung gehen, um es deutlich zu sagen: wieder nach oben. Schleppt man dann noch eine schwere Kameraausrüstung mit sich herum, die auch noch mit jeder Stufe schwerer wird, dann weiß jeder, was er getan hat, wie man so schön sagt. Allerdings wird der Aufstieg zuletzt mit dem oben erwähnten herrlichen Blick entlang der Küste belohnt, den die meisten erst nach dem Aufstieg bemerken. Und es gibt ja auch noch den Serpentinenpfad! Bei der Ankunft haben die meisten nur Augen für den Blick direkt nach unten.

Die Landschaft von der Küste bis ins Landesinnere ist ein Eiszeitrelikt. Die Gletscher haben hier (sogar in mehreren Anläufen, das nennt man „Gletschertaumeln") ihre sogenannte Endmoräne aufgeschoben. Das sind Gesteins- und Erdmassen, die ein Gletscher bei seinem Vordringen vor sich her schiebt und dabei eine Hügellandschaft entstehen lässt, wenn er sich in wärmeren Zeiten wieder zurückzieht. Beim Abstieg vom Parkplatz zum Strand kann man mehr als 200.000 Jahre Landschaftsgeschichte in den Wänden des Steilabfalles nachlesen.

Quelle: Eigenbericht sowie die Website des Leuchtfeuers www.bovbjergfyr.dk

Aufsatz für das Online-Portal Suite 101, Dezember 2012:

Buntzecke – Plagegeist auf dem Vormarsch

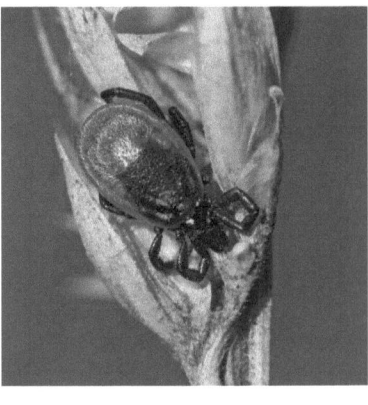

Der Gemeine Holzbock ist lästig und manchmal gefährlich für Tier und Mensch, jetzt bekommt er Verstärkung aus dem Süden: Die Bunt- oder Auwaldzecke

Förster und verwandte Berufe, Hundehalter, Wanderer und nicht zuletzt Naturfotografen: Sie alle haben schon Bekanntschaft mit mindestens einer Spezies aus der Familie der Zecken gemacht: dem Gemeinen Holzbock (*Ixodes ricinus*). Das wäre nicht weiter schlimm, hätten die kleinen Plagegeister nicht eine üble Mitgift: Sie übertragen Krankheitserreger. Borreliose und FSME (Frühsommer-Meningoenzephalitis) sind bekannte und zu Recht gefürchtete Infektionen, die vom Gemeinen Holzbock übertragen werden können. Panik ist sicher nicht angebracht, aber Vorsicht kann auch hier nicht schaden und ist auf jeden Fall besser als eine Infektion. Hinweise und Tipps zu Schutzmaßnahmen (Vorbeugung gegen Zeckenbefall und Verhalten nach einem Zeckenstich) gibt es weiter unten.

Verwandte der Spinnen

Die Zecken oder Ixodiden sind durchweg Blutsauger, gehören zu den Milben und stellen deren größte Vertreter. Die Milben selbst gehören zu den Spinnentieren, die alle, im Gegensatz zu den Insekten, mit acht statt mit sechs Beinen ausgestattet sind. Einen guten Ruf genießen sie alle nicht, legt doch der Name zuerst den Gedanken an Krankheitserreger oder Parasiten (Krätzmilben!) nahe. Das sind jedoch verschwindende Minderheiten unter den etwa zehntausend Milbenarten, die bis heute beschrieben sind. Die überwältigende Mehrheit bildet einen Teil der Bodenfauna, sie ernähren sich von organischen Abfallstoffen, gehören mit zu den Humusbildnern und sind daher letztlich auch für unser Überleben unverzichtbar.

Zurück zu den Zecken. Neben dem oben beschriebenen Gemeinen Holzbock gibt es in Deutschland noch vier weitere Arten. Die Schafzecke gehört dazu, die Igelzecke, die Taubenzecke und seit einigen Jahren verstärkt auch die Auwaldzecke (*Dermacentor reticulatus*). Die Bezeichnung „Buntzecke" wird oft etwas schwammig für letztere gebraucht, die Schafzecke allerdings gehört auch dazu. Schaf-,

Igel- und Taubenzecke stechen den Menschen eher selten, ein Kontakt mit ihnen lässt sich auch am einfachsten vermeiden, indem man die Hauptwirte (Name!) und deren bevorzugte Aufenthaltsorte meidet. Den Gemeinen Holzbock und die Auwaldzecke allerdings kann man sich bei jedem Aufenthalt in der freien Natur, aber auch in Stadtparks oder sonstigen Grünanlagen „einfangen".

Jäger auf der Lauer

Beide Arten sind Meister im versteckten Auflauern. Sie sitzen an Grashalmen oder niedrigen Zweigen an Büschen und lassen sich dabei von Säugetieren abstreifen. Dabei reagieren sie offenbar auf einen Bestandteil im Schweiß oder in den Ausdünstungen aller Säugetiere, nämlich auf Buttersäure. Vom Befall bis zum Stich kann übrigens geraume Zeit vergehen, denn die Tiere suchen dünne Hautpartien, die sich besser durchstechen lassen und mehr Blut versprechen. Allein deshalb ist das Absuchen nach Zecken an Kleidung und Körper schon sinnvoll, wenn man sich in der Natur aufgehalten hat. Man sagt, dass der Holzbock nicht höher als etwa achtzig Zentimeter klettert, die Auwaldzecke allerdings kann auch doppelt so hoch sitzen. Letztere geht auch weitaus aktiver auf Wirtsuche als der Holzbock. Früher herrschte einmal die Meinung vor, dass Zecken auch auf Bäume klettern und sich von oben auf ihre potenziellen Wirte fallen lassen. Das stimmt, nach allem, was heute bekannt ist, nicht.
Beiden Arten ist auch gemeinsam, dass sie beim Einstich eine Flüssigkeit absondern, die die Blutgerinnung verhindert und gleichzeitig ein „Schmerzmittel" enthält, so dass das Opfer den Einstich nicht im geringsten spürt.

Funde der Auwaldzecke melden

Die Auwaldzecke ist sehr leicht vom Gemeinen Holzbock zu unterscheiden. Sie ist erst einmal erheblich größer, ziemlich bunt gemustert (s. Abbildungen!) und, wenn man sie zwischen Zeigefinger und Daumen hält, sehr hart und deutlich zu spüren. Im Gegensatz zum Holzbock bemerkt man auch, dass sie auf der Haut herumkrabbelt.
Findet man eine, so sollte man sie aufheben und umgehend den zuständigen Veterinärbehörden zuleiten. Es gibt zwar Verbreitungskarten für die Auwaldzecke, mit deren Aktualität ist es aber nicht immer besonders weit her. So wurde im April 2009 am Ortsrand von Goslar am nördlichen Harzrand je ein Männchen und Weibchen der Zecke gefunden und sowohl an das Veterinäramt als auch an andere Stellen gemeldet, ist jedoch bisher nirgends registriert. Das ist um so merkwürdiger, als dieses Gebiet bisher als nicht befallen galt. Verbreitungsschwerpunkt war bisher in Deutschland eindeutig Brandenburg und angrenzende Gebiete, anscheinend ist die Zecke jedoch in starker (und offensichtlich auch sehr schneller) Ausbreitung begriffen und scheint damit von der Klimaerwärmung zu profitieren. Die Warnungen vor südeuropäischen Urlaubsländern in Bezug auf die Auwaldzecke sollten daher dringend ergänzt werden.
Um es noch einmal zu sagen: Panik ist nicht angebracht, aber vorsichtig sollte

man mit diesem Problem trotzdem umgehen. Ob ein Stich der Zecke wirklich ansteckend ist, hängt ganz erheblich davon ab, wie hoch der Durchseuchungsgrad in der Population ist. Bei weitem nicht jede Zecke trägt auch die Krankheitserreger. Die Informationen darüber sind allerdings, vorsichtig ausgedrückt, eher dürftig.

Krankheiten „nicht ohne"

Buntzecken können Babesiose, auch bekannt als Hundemalaria, daneben aber auch weitere unangenehme bis gefährliche Krankheiten übertragen, so beispielsweise das Q-Fieber. Die grippeähnlichen Symptome lassen vermuten, dass so manche „Sommergrippe" eigentlich eine Q-Fieber-Infektion ist, die allerdings sehr unangenehme Spätfolgen zeitigen kann. Ausführliche Informationen über mögliche Infektionen durch Zecken sowie die Symptomatik geben in der Regel die Landesgesundheitsbehörden, teilweise auch die kommunalen Veterinärämter. Eine gute Übersicht findet man auch auf www.zeckenwetter.de, eine ausführliche Diskussion des Themas an dieser Stelle würde den Umfang dieses Artikels sprengen.

Schutzmaßnahmen

Schutzmaßnahmen beginnen schon bei der Kleidung. Begibt man sich in ein Zeckengebiet, sollte man lange Ärmel und lange Hosen tragen, möglichst sogar die Hose in die Socken stecken. Auftragen von chemischen Abwehrmitteln auf die Haut (sog. Repellenten) hilft, wobei der Beipackzettel nicht unwichtig ist. Helle, möglichst einfarbige Kleidung lässt die Zecken einfacher erkennen, wenn sie darauf herumkrabbeln.

Ist „es" trotzdem passiert, hilft eine Pinzette oder eine Zeckenzange. Wichtig ist, dass die Zecke entfernt wird, die Art und Weise spielt eine untergeordnete Rolle. Hilfreiche Tipps gibt da die oben bereits angeführte Internetseite ebenfalls. Gefährdete Personengruppen (z. B. Forstwirte, Naturfotografen) sollten außerdem über eine Impfung gegen FSME nachdenken. Gegen alle anderen Krankheiten gibt es leider keinen Impfschutz für Menschen, nur für Hunde gibt es eine Impfung gegen Borreliose.

Aufsatz für das Online-Portal naturwerke.net, Dezember 2015:

Sechsundfünfzig Weidepfähle

Hohe Steilwände, riesige Felsspalten, geheimnis-
volle Schluchten, windige Hochflächen, tiefe Kra
ter, dunkle Höhlen – und doch ist mit all diesen
Begriffen kein Hochgebirge umschrieben. Es geht
um kleinere Dimensionen, die allerdings gleich 56-
fach.

Auch deutsche Eiche altert ...

... besonders dann, wenn sie Tag um Tag, Jahr
um Jahr den Unbilden des Wetters ausgesetzt
ist. Auch nach fast fünfzig Jahren sehen alte, ver-
witterte, eichene Weidepfähle für uns Menschen
nicht nach Hochgebirge aus; für andere Geschöp-
fe schon. Genau mit denen wollen wir uns hier befassen, aber zunächst wollen wir uns einen Überblick über die Gesamtsituation verschaffen.
Zunächst treten wir erst einmal den Beweis für die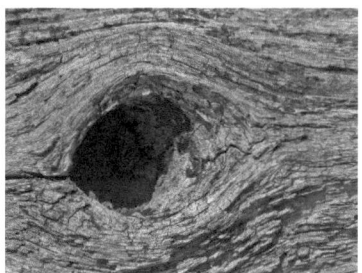
Hochgebirgs-Theorie an. Verkleinern wir uns und
werden zu einer Ameise, dann sehen die Risse,
Spalten, Astlöcher und Schrunden tatsächlich wie
ein wildes Hochgebirge aus – 50 oder mehr Ge-
nerationen unberührt von Menschen, ohne Infra-
struktur, ohne urbane Gebiete: eben Wildnis pur.
Menschliche Gesetze gelten hier nicht, jene der
Natur dafür um so mehr. Das bedeutet, dass wir als
Ameise in dieser Wildnis auf der Hut sein müssen:
Wir gehören zu den Gejagten, aber auch zu den
Jägern. Eine Idylle ist dieses „wilde Hochgebirge"
also nicht, trotzdem werden wir staunen, wie viele
verschiedene Arten hier Wohnung genommen haben, sich wärmen, sich verstecken, ihre Nahrung
suchen oder jagen oder ganz einfach den Aussichtspunkt in der flachen Umgebung nutzen.

Immens wichtig: Saumbereiche!

Ein weiterer Aspekt spielt dabei noch eine große Rolle: Zäune stehen in der Regel an Grenzen (das ist ausnahmsweise mal nicht politisch gemeint); in unserem
untersuchten Fall grenzt der Zaun eine Pferdeweide gegen einen Feldweg ab.
Jenseits des Feldweges liegt ein Acker mit wechselnden Fruchtfolgen, aber auch

einem Randstreifen. Auch der Weide-
zaun steht auf einem Randstreifen,
den die Pferde nicht erreichen. So hat
sich beiderseits des Feldweges eine
Pflanzengesellschaft etabliert, die sich
in weitem Umkreis in dieser Fülle und
Zusammensetzung nicht findet. Keine
Seltenheiten, aber reichlich Blüten und
Futter für Raupen, Larven und andere
Vegetarier, und zwar von März bis Ende
Oktober und darüber hinaus.

Treten wir einen Schritt zurück und betrachten das Gesamtsystem Weidezaun, so
haben wir es hier tatsächlich mit einem „System" zu tun, einem kleinen Ökosystem
nämlich. Ein offenes System, mit Wirkungen von außen nach innen und umge-
kehrt; ein offenes System also, aber ebenso eine kleine Welt für sich. Schauen wir
sie uns an!

Die Gefiederten zuerst

Wir beginnen mit dem oberen Ende
der Größenskala, im Bewusstsein
dessen, dass das untere Ende viel
wichtiger ist. Je kleiner die Lebewesen
werden, desto zahlreicher werden sie
in der Regel und um so wichtiger sind
sie für den Naturhaushalt – bis hin zu
den Bakterien im Boden.

Die größten Tiere, die wir auf unseren
Weidepfählen antreffen, sind zweifellos die Vögel. Natürlich sind gerade sie nicht abhängig von den alten
Holzpfählen, aber sie nutzen sie ausgesprochen gern zur Rast, als Aussichtspunkt, als Jagdansitz oder auch
als Versammlungsort für Jungvögel.

Letztere werden dort oft auch gefüt-
tert, wie die Bildstrecke zeigt, und manche suchen auch die Risse und Spalten
nach Leckerbissen ab. Die Bildstrecke zeigt uns nur eine Auswahl der Gefiederten,
die dort anzutreffen sind.

Jetzt die Gepanzerten

Offensichtlich fühlt sich eine Spezies aus der Familie der Reptilien besonders wohl.
An 16 von 56 Weidepfählen konnten wir Wald- oder Bergeidechsen beobachten.
Sie nutzen die alten Hölzer als Wohnung, als Sonnenplatz zum Aufwärmen in den

ersten Sonnenstrahlen des Frühlings, und natürlich auch als Jagdrevier. An manchen der Pfähle konnten wir oft mehrere Tiere, sowohl adulte als auch Jungtiere, beobachten. Lässt man die Wissenschaft einmal außen vor, dann könnte man diese Population scherzhaft auch als „Zaunei dechsen" bezeichnen.

Die große Fülle: Insekten

Sie sind diejenige Tierklasse, deren Vertreter wir am häufigsten in diesem kleinen Ökosystem finden, wie könnte es auch anders sein. Es würde daher hier zu weit führen, in Einzelheiten zu gehen; ein allgemeiner Überblick sollte genügen.

Die Versteckmöglichkeiten, gute Tarnung, teilweise auch die Wärme des Holzes, Nahrungserwerb, die Nähe der verschiedensten Pflanzen: All dies gehört zu den Gründen, aus denen die Insekten solche Möglichkeiten besonders schätzen. Schmetterlinge, Heuschrecken, Wanzen, Käfer, Fliegen, Wespen, Hornissen – alle diese Arten sind am Weidezaun anzutreffen. Leider ist die Zahl der Bilder pro Abschnitt begrenzt, so dass wir uns auch hier mit einigen Beispielen begnügen müssen.

Achtbeinige Jäger

Man sollte meinen, dass die Spinnen ausschließlich durch das große Nahrungsangebot an Insekten angelockt werden. Das stimmt natürlich auch, ist aber nicht die ganze Wahrheit.  Viele netzbauende Arten stellen ihre Fallen, aber auch Laufspinnen wie den Goldenen Flachstrecker, Raubspinnen wie die Listspinne, Springspinnen und viele Wolfspinnenarten finden sich hier.

Aber nicht alle sind nur auf Nahrung aus. Ab Ende September findet man Spinnen verschiedener Spezies ganz oben auf den Spitzen, im Wind. Dort findet das „Ballooning" statt. Die  Spinne lässt einen Flugfaden heraus, ist er lang genug, sie zu tragen, lässt sie los. Das gute Sehvermögen ermöglicht ihr, geeignete Landeplätze aus großer Höhe zu erkennen. Dann zieht sie den Faden wieder ein und sinkt so langsam zu Boden. Auf diese Weise erobern Spinnen neue Lebensräume.

... und vieles mehr!

Es gibt noch viele weitere Spezies in unserer kleinen Welt der Weidepfähle zu entdecken. Auch hier müssen wir uns mit einer kleinen Auswahl begnügen. Schnurfüßer und Schnecken gehören dazu, oder die seltsamen Staubläuse. Über 120 Spezies sind es bisher, die wir beobachtet haben – an 56 Weidepfählen und in einem kleinen, aber feinen Ökosystem. Wir  konnten hier nur wenige Spezies aufführen, die Charakteristika gar eines solchen Systems mit ihren fein abgewogenen Wirkungen, Abhängigkeiten, Rückkopplungen und Reparaturmechanismen mussten wir ignorieren. Aber dieser Artikel soll auch nur eine Anregung für eigene Entdeckungen sein. Vielleicht gibt es ja auch in Ihrer Nähe ein Hochgebirge aus Weidepfählen oder etwas Ähnliches.

Sag´ mir, wo die Käfer sind …

„Sechsundfünfzig Weidepfähle" - so ist ein Artikel überschrieben, den ich hier auf naturwerke.net vor einiger Zeit veröffentlicht habe. Ich schwärme dort über die Artenvielfalt und die Individuenzahlen, die ich an den alten Eichenpfählen vorgefunden habe; ein Thema, das mich nun schon mehrere Jahre beschäftigt. Die Beobachtungen in diesem Saumbiotop haben mich sogar bewogen, ein Buch zum Thema zu verfassen, an dem ich gerade intensiv arbeite. Genau dieses Projekt ist es, das mich in diesem Jahr (2016) zu der Frage im Titel geführt hat. Allerdings sind es nicht nur die Käfer, die betroffen sind, sie passten nur gut in den Songtitel. Die Gesamtsituation ist viel schlimmer in diesem Jahr – beinahe niederschmetternd.

Der Weidezaun ist gut 150 Meter lang, der Vegetationsstreifen rechts und links davon zwischen 1 und 2 Meter breit. Ein Feldweg und eine Ackerfläche begrenzen die Südseite, nördlich vom Zaun eine Pferdeweide. Östlich liegt der Stadtrand von Oker, westlich schließen sich ebenfalls landwirtschaftliche Flächen an. So ist dieser Saumlebensraum ziemlich isoliert und bildet fast eine Art Insel in einer relativ artenarmen Umgebung. Um so erstaunter war ich, wie viele Arten und auch Individuen dort zu finden waren. Die Gesamt-Artenliste umfasst bis jetzt 426 auf Naturgucker, im Spinnenforum, bei Kerbtier und im Lepiforum bestätigte Arten bzw. Gattungen, etwa 80 noch nicht bestimmte kommen hinzu (einschl. Pflanzen!). Das Artenspektrum variiert von Jahr zu Jahr, nicht jede Art finde ich auch in jedem Jahr wieder, ein Aspekt, der sicher auch anderen Naturbeobachtern bekannt ist. Insgesamt ist aber die Zahl der beobachteten Arten und Individuen über die Jahre ziemlich konstant.

Ganz besonders stehen bei mir die Krabbel- und Flattertiere im Fokus. Von den 346 bestätigten Arten sind 307 Sechs-, Acht- oder Mehrbeiner, die regelmäßig und auch z. T. in großer Zahl immer wieder zu finden sind. Man mag einwenden, dass die Artenzahl nicht sehr hoch ist angesichts der Fülle, die gerade für Arthropoden zu erwarten wäre. Zwei Aspekte seien hier angemerkt: Zum Einen die relativ artenarme Umgebung, in der der Zaun steht. Der zweite ist sicher meine Beobachtungsmethode; ich benutze weder Fangnetze noch Fallen oder Ähnliches, auch die Pfähle nehme ich nicht auseinander. Ich registriere lediglich, was ich beim ganz normalen Spaziergang aus Augenhöhe finde, und zwar nur vom Weg aus. Damit bin ich allerdings bereits so weit, dass ich sogar Springschwänze, Staubläuse, Florfliegeneier und andere Kleinstteile auf diese Weise finde. Die Methode mag nicht wissenschaftlich exakt sein, ist aber letztlich eine über Jahre hinweg konstante und vergleichbare Beobachtungsmethode. Dass dabei vieles nicht gefunden wird, ist einsichtig, spielt aber für diesen Artikel keine Rolle, wie wir gleich sehen werden. Die Vergleichszahlen stammen aus meinen auf Naturgucker festgehaltenen Beobachtungen der letzten fünf Jahre, die ich kürzlich für das o. e. Buch ausgewertet habe.

Zuerst fiel das Fehlen der Spinnen auf. Von bisher dort 31 gefundenen Spezies sind in diesem Jahr ganze 3 geblieben, die Individuen buchstäblich an einer Hand abzuzählen. Selbst der Altweibersommer, der in den letzten Jahren immer auf fast jedem der Weidepfähle Jungspinnen beim Ballooning gesehen hat, brachte in diesem Jahr – gar nichts. Bei den Käfern sieht es ganz ähnlich aus: Drei Arten, wovon zwei lediglich mit einem einzigen Individuum vertreten waren. Raubfliegen: gar keine; Steinfliegen: ganz wenige; Wanzen: nur die Gemeine Bodenwanze, die allerdings auch mit vielen Individuen; Schnurfüßer: negativ; Kleinschmetterlinge: fast negativ. Selbst von den Waldeidechsen, die normalerweise an einem Drittel der Pfähle beobachtet werden konnten, fand ich 2016 nur eine einzige.

Nach den ersten „Negativbeobachtungen" an dieser Stelle habe ich noch mehrere andere Gebiete, die ich regelmäßig besuche, auf diese Entwicklung hin untersucht. Das Ergebnis: Ein zwar jeweils anderes Artenspektrum, aber das Gesamtbild war identisch mit meinen Beobachtungen am Weidezaun-Biotop.

Es stellte sich nun die Frage, was sich denn gegenüber den anderen Jahren verändert hat. Für alle Gebiete gilt, dass wir ein selten trockenes Jahr hatten, zumindest am nördlichen Harzrand. Ein kleiner Fluss in der Nähe, der seinen Ursprung im Oberharz hat, war sogar zeitweise ausgetrocknet – ein Phänomen, das ich in den mehr als 40 Jahren nicht erlebt habe, die wir mittlerweile hier wohnen. Gerade der nördliche Harzrand und der Harz selbst galten eigentlich immer als relativ regenreich. Ungewöhnlich waren allerdings sehr viele Tage ohne Wind.

Ansonsten ist lediglich beim Zaunbiotop anzumerken, dass ein Ackerrandstreifen, der vom Zaun durch einen Feldweg getrennt ist, von knapp zwei Meter Breite auf ganze 30 cm Rest weggepflügt wurde. Ich kann mir jedoch nicht vorstellen, dass die ungewöhnlichen klimatischen Bedingungen und der Verlust des Randstreifens einen Effekt wie beschrieben auf die Arten- und Individuenvielfalt haben können. Und so tappe ich denn absolut im Dunkel, was die Ursache dieser extremen Verarmung in der Natur rund um meinen Wohnort angeht. Es wäre durchaus interessant zu erfahren, ob es anderen Naturbeobachtern in diesem Jahr ähnlich ergangen ist. Dass es Schwankungen in den Beständen gibt, gerade bei Arthropoden, ist bekannt. Dass diese Schwankungen aber derart extrem sein sollen, war mir bisher nicht bewusst. Auch der Arten- und Individuenschwund ist seit Jahren Thema, aber der schreitet m. W. vergleichsweise langsam voran und ist deshalb in der Feldbeobachtung nur festzustellen, wenn man lange Zeiträume vergleichen kann.

Ich bin gelinde gesagt erschüttert und weiß z. Zt. nicht, wie ich mit diesen Beobachtungsergebnissen umgehen soll. Meine einzige Hoffnung ist im Moment, dass dies ein statistischer Ausrutscher ist und dass sich die Situation im nächsten Jahr wieder normalisiert.

Gerwin Bärecke

Huflattich

**Ungewöhnliches
von einer
„gewöhnlichen"
Pflanze**

Der Huflattich – gewöhnlich ungewöhnlich

Eigentlich gehört er zu den gewöhnlichsten Pflanzen, die bei uns wachsen. Und – fast alle kennen ihn, den Huflattich. Das einzig Bemerkenswerte scheint zu sein, dass er im Frühling als eine der ersten Blütenpflanzen erscheint und die Ödnis des Vorfrühlings mit seinen kleinen gelben Blütensonnen verschönert. Blühte er nur ein paar Wochen später, niemand nähme mehr Notiz von der kleinen „Gewöhnlichkeit". Genau das ist der Grund, aus dem wir uns hier einmal etwas näher mit diesem Korbblütler beschäftigen und herauszufinden versuchen, ob nicht bei näherem Hinsehen sogar am Huflattich etwas Ungewöhnliches zu finden ist.

Über die Herkunft des deutschen oder korrekter Trivialnamens muss man nicht lange rätseln; der „Huf-" gibt selbst den Hinweis: Die großen Blätter sind beinahe wie ein Hufeisen, allerdings mit ausgefülltem Innenraum, geformt. Der „-lattich" hat keine spezielle sprachliche Wurzel, dieser Begriff wurde für viele Pflanzen mit großen Blättern verwendet. Der Trivialname entspricht also dem Habitus, dem Aussehen der Pflanze bzw. deren Blätter. Das ist schon einigermaßen seltsam, erscheinen doch die Blätter erst im Sommer, wenn die Blüten längst verwelkt und die Samen buchstäblich in alle Winde zerstreut wurden. Als Laie oder oberflächlicher Beobachter brächte man Blatt und Blüte vielleicht gar nicht in einen Zusammenhang, man hielte sie für zwei verschiedene Pflanzen. Nur aufmerksame und vor allem geduldige Naturbeobachter konnten seinerzeit den Zusammenhang erkennen, die trockenen, verwelkten Blütenstände waren dabei sicher hilfreich. Logischer oder zumindest verständlicher wäre eine volkstümliche Namensgebung gewesen, die sich auf die schönen gelben Blütenkörbchen oder zumindest auf den frühen Blühtermin bezogen hätte aber er heißt nun mal hauptsächlich Huflattich; aber auch Brandlattich, Chappeler, Eselschrut, Hitzblätter, Männerblume, Zytröseli, Märzblume!, Pferdefuß, Rosshub in verschiedenen Regionen des deutschsprachigen Raumes.

Botaniker sind eigen

Genau da liegt der Grund, weshalb Wissenschaftler andere Bezeichnungen benutzen, nämlich die sogenannte, von dem großen schwedischen Systematiker Linné eingeführte binäre Nomenklatur. Gattungs- und Artname, kombiniert aus lateinischen Begriffen, lauten für den Huflattich „Tussilago farfara". Der Gattungsname geht auf den Römer Plinius den Älteren zurück, den wir heute wohl als Naturwissenschaftler bezeichnen würden. In seiner „Naturalis historia", seiner Naturgeschichte also, kann man darüber nachlesen. „Tussis" ist der Husten, „agere" steht für vertreiben, hier wird also schon die Bedeutung des Huflattichs als Heilpflanze deutlich; sie war bereits den Römern bekannt. Im Artnamen „Farfara" steht „far" für Mehl, also für die Farbe Weiß, „fara" wohl abgewandelt für „ferre", von tragen. Dieser Name bezieht sich aller Wahrscheinlichkeit nach auf die weißfilzige Behaarung der Blattunterseite. Der wissenschaftliche Name setzt sich also aus einem Begriff, der den pharmakologischen Aspekt betrifft, sowie einem weiteren, der den Habitus bzw. das Erscheinungsbild kennzeichnet, zusammen. Das ist nicht sehr häufig, auch nicht bei altbekann-

Durchbruch!

41

Deutlich erkennbar sind die weiblichen Zungenblüten am Rand der Scheibe, in der Mitte die männlichen Röhrenblüten. Scheint keine Sonne, bleibt der Blütenstand fast geschlossen (kleines Bild).

ten Heilpflanzen. Auch hier also kein Hinweis auf die frühe Blühzeit und die nach der winterlichen Eintönigkeit so herrlich sonnengelben Blüten. Auf den pharmakologischen Aspekt komme ich noch einmal zurück.

Fortpflanzug sichern, aber richtig!

Aber genug der Namensanalysen, beschäftigen wir uns nun mit der Pflanze selbst, und zwar zunächst mit der Blüte. Dass der Huflattich zur Familie der Korbblütler (Asteraceae) gehört, stellt ihn in eine Reihe mit Schönheiten wie Arnika, Alant, Silberdistel, Kornblume und Wegwarte, aber auch mit Löwenzahn, einem weiteren Vertreter der „gewöhnlichen" Allerweltspflanzen, den wir eigentlich auch als Einzelpflanze gar nicht mehr wahrnehmen und nur noch

als Blütenmeer bewundern.

Will man von der sich öffnenden Blüte Zeitrafferaufnahmen machen, so werden Langschläfer jetzt aufatmen: vor 7 Uhr morgens tut sich da gar nichts. Erst dann, mit dem aufkommenden Licht, öffnen sich die Blüten langsam. Über eine Stunde dauert es, bis der Blütenkorb vollständig geöffnet ist; bei bedecktem Himmel bleibt er sogar halb geschlossen. Photonastie nennt man diese Erscheinung bei Pflanzen. Dazu gehört, dass ein Reiz, in diesem Falle das Licht, einen ganz bestimmten Vorgang auslöst, das Aufblühen der Pflanze zum Beispiel. Die Richtung des Reizes spielt dabei keine Rolle. Der mechanische Vorgang selbst wird durch die sogenannte „Turgorbewegung" ausgelöst, d. i. der Druck des Zellsaftes auf die Zellwände, der die Bewegung schließlich verursacht. Dieser Turgordruck kann übrigens bei einigen Pflanzen sogar ziemlich schnelle Bewegungen verursachen: Das bekannteste Beispiel dürfte die Mimose sein, deren Blätter bei Berührungen regelrecht zusammenzucken.

Bei Sonnenschein aber können wir uns ausgiebig mit der Blüte und ihrem Aufbau beschäftigen – sinnvollerweise unter Zuhilfenahme einer Lupe. Die langen Blütenblätter des äußeren Kranzes sind weibliche Zungenblüten, von denen bis zu 300 in mehreren Reihen den Rand des Blütenkorbes bilden. Die Blüten auf der Scheibe im Inneren sind gleichmäßig fünfzipflige Röhrenblüten, bei denen lediglich die männlichen Teile funktionieren. Dieser Aufbau legt nahe, dass der Huflattich ein Selbstbestäuber ist, denn weibliche und männliche Blüten liegen unmittelbar nebeneinander.

Wir werden gleich sehen, dass dies nur zum Teil der Fall ist. Zuvor aber schauen wir uns kurz an, was es denn mit Selbstbestäubung bzw. dem Gegensatz Fremdbestäubung überhaupt auf sich hat.

Vorsicht, genetische Falle!

Selbstbestäubung (Autogamie), also das Bestäuben der weiblichen Blüten durch die eigenen Pollen, kommt bei Pflanzen häufiger vor als man zunächst annimmt; vor allem bei den sogenannten einhäusigen Pflanzen, bei denen weibliche und männliche Blüten an derselben Pflanze vorkommen. In der Landwirtschaft, wo solche Pflanzen als Selbstbefruchter bezeichnet werden, sind sie oft sogar darauf hin gezüchtet worden. Gerste und Bohne gehören

Das erste Bestäuberinsekt hat sich niedergelassen. Auf dem Blütenstand im Vordergrund kann man gut erkennen, dass die männlichen Blüten noch geschlossen sind (s. Text!).

Sobald die Blütenstände sich geöffnet haben, richten sie sich zur Sonne bzw. allgemeiner ausgedrückt zur Lichtquelle hin aus, positiver Phototropismus wird das genannt.

beispielsweise dazu, aber es gibt auch viele Beispiele bei den wildwachsenden Pflanzen. Der bekannteste Selbstbestäuber bei unseren einheimischen Orchideen z. B. dürfte die Bienen-Ragwurz sein.

Es ist kein Geheimnis, dass Selbstbestäubung gewisse Gefahren birgt. Sie verringert auf jeden Fall die genetische Variabilität und kann durch die sogenannte Inzuchtdepression zu weniger Nachwuchs bzw. zu Nachwuchs führen, der gegenüber den Widrigkeiten der Natur eine stärkere Anfälligkeit aufweist. Genau das ist der Grund, weshalb sich die Natur in vielen Bereichen gegen genau diesen Mechanismus gewappnet hat. So gibt es z. B. die genetische Selbstinkompatibilität, d. h. männliche und weibliche Geschlechtszellen (Gameten) derselben Pflanze „passen" nicht zusammen und führen nach erfolgter Selbstbestäubung somit nicht zur Befruchtung. Manche Pflanzen trennen auch die Produktion männlicher und weiblicher Gameten zeitlich, d. h. sie

reifen zu unterschiedlichen Zeiten und verhindern so eine Selbstbestäubung; das Ganze nennt man Dichogamie; das sind nur zwei von vielen Beispielen dafür, wie die Natur den Vorgang der Selbstbestäubung verhindert. Auf anderer Ebene zieht sich diese Hemmschwelle sogar bis in unsere Kultur: Alle menschlichen Lebensgemeinschaften ächten die Inzucht.

Jetzt liegt wohl nichts näher als die Frage: warum dann überhaupt Selbstbestäubung? Wenn die Natur sie in gewissen Bereichen zulässt, dann muss damit ja wohl auch ein Vorteil verbunden sein. Genau so ist es auch. So bringt diese Eigenschaft besonders Pionierpflanzen, deren Verbreitungsstrategie auf große Entfernungen ausgelegt ist, erhebliche Vorteile. Eine einzelnes Individuum kann nämlich auf diese Weise die Basis für große Populationen bilden. Auch Extremstandorte ohne Bestäuber wie Insekten (Wüsten z. B.) sind Lebensräume, die von Fremdbestäubern ggf. nur in Randgebieten besiedelt werden

Oben der Stiel mit den bräunlichen Hüll-
blättern sowie den Kelchblättern, Auf
den drei Bilder unten erkennt man gut,
dass alles bereits ausgebildet ist und
dass hier praktisch nur noch Streckungswachstum stattfindet. Die Blüte öffnet
sich schließlich so bald wie möglich.

können. Inseln gehören ebenfalls zu den Lebensräumen, deren Vegetation oft einen hohen Anteil an Selbstbestäubern aufweist – die Gründe sind nach dem oben Gesagten naheliegend. So sorgt die Natur selbst durch Modifikation ihrer eigenen Gesetze dafür, dass das Leben auch an extremsten Standorten bzw. über weite Entfernungen hin Fuß fassen kann. Wir werden beim Betrachten der unterirdischen Pflanzenteile noch sehen, dass der Huflattich sogar noch ein dritte Art der Verbreitung entwickelt hat.

Flexibel sein ist alles!

Auch die Verbreitungsstrategie des Huflattichs ist vordringlich auf große Entfernungen ausgelegt, wie wir noch sehen werden. Trotz dieser Eigenschaft und der Tatsache, dass männliche und weibliche Blüten dicht zusammen stehen, ist er hauptsächlich Fremdbestäuber. Das liegt ganz einfach daran, dass die Blüten vom Rand her aufblühen, also die weiblichen Blüten zuerst, was man mit viel Geduld übrigens sehr schön beobachten kann. Die weiblichen Blüten sind damit eher reif und werden so durch Pollen einer anderen Pflanze bestäubt, deren männliche Blüten bereits entwickelt sind. So sichert der Huflattich durch zeitliche Trennung bei der Reifung der Gameten die Fremdbestäubung. Andererseits kann, nach allem, was wir wissen, auch durchaus Selbstbestäubung vorkommen. Damit ist der Huflattich so flexibel, dass er die Vorteile beider Möglichkeiten nutzen kann, ohne die Nachteile in ihrer ganzen Tragweite in Kauf nehmen zu müssen; vor allem dann, wenn erst einmal ein Samenkorn an einem neuen Standort gekeimt hat.

Reifer und noch unfertiger Fruchtstand (hängend!).

Aber beobachten wir unsere Blüten weiter über den Tagesverlauf. Dabei werden wir feststellen, dass die Blütenköpfe dem Lauf der Sonne folgen. Den Vorgang selbst können wir natürlich nicht sehen, die Bewegung ist für unsere Augen viel zu langsam. Dazu müssen wir entweder zum filmtechnischen Trick von Zeitraffer-Aufnahmen greifen oder in längeren Abständen die Ausrichtung der Blüten kontrollieren. Diese Eigenschaft von Pflanzen, sich zum Licht hin zu auszurichten, nennt der Wissenschaftler „Phototropismus", in diesem Falle positiver P. (negativer P. wäre die Abwendung vom Licht, die gibt es auch im Pflanzenreich!). Auslöser ist hier ebenfalls der Lichtreiz, aber in diesem Fall ist die Richtung entscheidend, aus der der Reiz kommt. Wir haben weiter oben gesehen, dass bei der Photonastie die Richtung des Reizes keine Rolle spielt. Nun könnte man annehmen, dass auch dieser Bewegungsvorgang durch Änderungen des Turgors, also des Zelldruckes, verursacht wird. Das ist hier aber nicht der Fall. Hier greift ein weiterer Mechanismus ein, den Pflanzen entwickelt haben, um Bewegungen ausführen zu können. Wir halten ja allgemein Pflanzen für ziemlich unbeweglich, was aber bei weitem nicht stimmt; ihre Bewegungen sind nur für unsere Augen extrem langsam.

Hin zum Licht!

Der Mechanismus, der die Ausrichtung zum Licht verursacht, ist einfach einseitiges Längenwachstum im Pflanzenstängel, beim Huflattich allerdings kombiniert mit der Änderung des Turgordruckes. Auch hier ein anderes Beispiel: Kletterpflanzen wie Winden oder Efeu tun genau dasselbe. Die Spiralform der Ranken entsteht bei ihnen eben dadurch, dass die Ranke auf einer Seite schneller wächst als auf der anderen. Dagegen wird die (fast kreisende) Suchbewegung der Ranke durch Änderungen des Zelldruckes unterstützt. Bleiben wir bei den Stielen des Huflattichs. Bräunliche, schuppenartige Hüllblätter kennzeichnen den kräftigen Stiel, der mit dem eingerollten Blütenkopf selbst die relativ feste Oberfläche eines Feldweges durchbrechen kann. Hilfreich dabei ist wohl, dass alle Or

Bei näherem Hinsehen, am besten mit einer Lupe, kann man die winzigen Drüsenhaare auf den Hüll- und Kelchblättern gut erkennen.

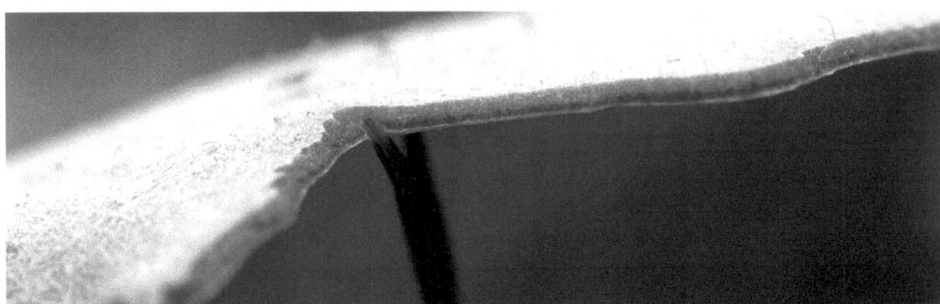

Der Vergleich oben zeigt, dass
Blattober- und Unterseite völlig
unterschiedlich sind. Das mitt-
lere Bild zeigt ein aufgeschnit-
tenes Blatt; deutlich ist die Dicke zu erkennen und der feine
weiße Rand zeigt den filzigen
Überzug aus toter Pflanzensubstanz. Die beiden Vergleichsbil-
der unten zeigen, dass es sich
tatsächlich um eine Art Haarfilz
handelt (Wanderers Klopapier,
s. Text!).

gane bereits vorgebildet sind, lediglich rasches Streckungswachstum ist erforderlich, um Blütenstand und Stiel die Erde durchbrechen zu lassen. Sehen wir genauer hin, werden wir feststellen, dass die Hüll- und Kelchblätter mit feinsten Drüsenhaaren dicht besetzt sind. Letztere dienen in der Regel der Exkretion bzw. der Sekretion. Ersteres ist die Ausscheidung von Stoffwechselprodukten, die beim Verbleib im Organismus diesen schädigen würden (Exkrete); vergleichbar wäre bei Säugetieren die Ausscheidung von Harn. Die Sekretion umfasst die Ausscheidung von Stoffen (Sekreten), die jedoch (in diesem speziellen Fall) außerhalb des Organismus eine Funktion zu erfüllen haben. Genau an dieser Stelle gibt es allerdings bis heute noch keine eindeutigen Erkenntnisse, aber, wie könnte es anders sein, konkrete Vermutungen. Da es sich hier oft um ätherische Öle handelt, könnte man zunächst schließen, dass sie den Pflanzen einen besonderen Geruch oder auch Geschmack verleihen, um Tiere vom Fressen der Pflanze abzuhalten. Da ätherische Öle definitiv das Wachstum von Bakterien und Pilzen hemmen, könnte es sich hier auch um einen Trick der Infektionsabwehr der Pflanzen handeln. Möglicherweise locken die Düfte aber auch Insekten an und dienen so zusätzlich der Sicherstellung der Bestäubung. Vielleicht ist es sogar eine Kombination aus allen drei Wirkungsmöglichkeiten.

Die Basis

Damit kommen wir zum Wurzelstock des Huflattichs. Er ist der Grund, weshalb die einen (hauptsächlich Landwirte und Gärtner) ihn für ein kaum zu bekämpfendes „Unkraut" halten, während er für die anderen (die Freunde der Naturmedizin, ich komme darauf zurück!) eine beliebte und vielfältig anwendbare Heilpflanze ist; hierzu können wir getrost auch noch jene Gourmets zählen, von denen die Blätter gerne dem Wildspinat, Salaten oder Eintöpfen beigefügt werden. Eine weitere Gruppe sind die Naturfreunde, die in ihm die eminent wichtige, weil zu dieser frühen Jahreszeit beinahe einzige Futterpflanze für Bienen, Hummeln und andere Insekten sehen. Und als vierte Gruppe sehen die Botaniker in ihm einen wichtigen Besiedlungspionier, unter anderem auch aufgrund seiner „unterirdischen" Verbreitung.

Zunächst würden wir beim Ausgraben auf ein dünnes Rhizom, einen Erdspross also, stoßen. Das ist keine Wurzel, sondern ein Teil des Sprosssytems. Dann finden wir lange Ausläufer, mittels derer sich der Huflattich ebenfalls, in diesem Fall vegetativ, vermehren kann. Das ist die oben bereits angedeutete dritte Verbreitungsstrategie. Die Wurzel selbst auszugraben, nun, das ist eine recht schweißtreibende Angelegenheit. Bis zu einem Meter tief reichen sie, diese Tatsache und die erwähnten Ausläufer haben seinen Ruf als schwer auszurottendes „Unkraut" begründet. Eine weitere, daraus resultierende positive Eigenschaft: Rutschhänge werden vom Huflattich kostengünstig befestigt! Wenden wir uns nun den Blättern zu, die ja, wie wir schon wissen, erst lange nach dem Abblühen der Blütenstände erscheinen. Relativ dick und fleischig sind sie, an der Oberfläche oft mit einem seidigen Glanz versehen. Die Unterseite dagegen ist mit einem weißfilzigen Überzug versehen, der tatsächlich wie Filz aus einzelnen Haaren besteht. Hier handelt es sich vermutlich um ei

Der Fruchtstand bei trockenem Wetter und Sonnenschein. Die Reste der weiblichen Zungeblüten, die von der Umwandlung geblieben sind, kann man noch erkennen. Der Fruchtstand selbst ist nicht ganz so schön regelmäßig wie der des Löwenzahns, allerdings erkennt der Betrachter hier deutlich, dass die kleinen Schirmchen direkt auf den Samen aufsitzen.

nen Verdunstungsschutz, vielleicht eingeschränkt auch Fraßschutz. Die Haare sind übrigens weiß, weil sie das Licht komplett reflektieren. Das heißt im Rückschluss, dass sie kein Chlorophyll enthalten; tatsächlich sind sie totes, luftgefülltes Gewebe. Nichtsdestotrotz verleiht dieser Filz den Blättern eine derartige Konsistenz, dass einige Menschen mangels anderer Alternativen darauf gekommen sind, die Blätter für hinterlistige Zwecke zu verwenden. Seitdem heißen sie auch „Wanderers Klopapier".

Fallschirmjäger

Ein Aspekt in der Fortpflanzungsbiologie des Huflattichs fehlt uns noch. Die oben erwähnten „großen Entfernungen" haben wir noch nicht untersucht. Dieser Aspekt führt uns noch einmal zur Blüte zurück. Die befruchteten weiblichen Zungenblüten verwandeln sich im geschlossenen Blütenstand in Samen, mit denen es nun etwas besonderes auf

sich hat. Der Huflattich pflanzt sich fort, indem er seine Samen dem Wind anvertraut (Windverbreitung: Anemochorie). Das ist übrigens die häufigste Art der Samenverbreitung im Pflanzenreich, wobei sich die unterschiedlichsten Formen entwickelt haben. Um nur einige zu nennen: Es gibt Federball-, Körnchen-, Gleit-, Schrauben-, Scheibendreh- und Schirmflieger – die Aufzählung ist bei weitem nicht vollständig. Unser Huflattich gehört nun zu den Schirmfliegern, wie es beim Betrachten des reifen Samenstandes (Pusteblume wie der Löwenzahn, auch der Wiesenbocksbart und die Habichtskräuter gehören dazu!) unschwer zu erkennen ist. Die Konstruktion ist in der Tat ähnlich wie bei einem Fallschirm. Unten „hängt" die Frucht bzw. das Samenkorn wie der Springer, darauf sitzt ein kleiner Stiel, dessen oberes Ende von einer kreisrunden Krone aus feinen Haaren gebildet wird. Beim Huflattich allerdings sitzt die kleine Haarkrone direkt auf dem Samen. Die meisten Korbblütler nutzen

Zum Vergleich: Die Blütenstände von Löwenzahn (links) und Wiesenbocksbart (rechts). Das Fallschirmprinzip ist das gleiche, die Unterschiede liegen lediglich im Detail.

diese Art der Konstruktion, hier und da mit kleinen Abwandlungen. Natürlich erfordert diese Bauart, dass der Fruchtstand sich nur bei Trockenheit öffnet; Nässe würde die Haare verkleben und damit den Erfolg gefährden.

Die Genialität dieser Konstruktion zeigt sich bereits beim geöffneten Fruchtstand. Er bietet dem Wind genügend Angriffsfläche, so dass dieser, wenn er denn kräftig genug weht, die Samen nach und nach mitnehmen kann. Jeder, der es versucht hat, weiß, dass man kräftig pusten muss, um beispielsweise den Fruchtstand eines Löwenzahns in die Winde zu zerstreuen: eine einfache Versicherung dagegen, dass die Samen vom kleinsten Hauch gelöst werden und gleich neben der Mutterpflanze landen. Die Schirmchen selbst sind durch die „angehängten" Samen so perfekt ausbalanciert, dass „Kopflandungen" praktisch ausgeschlossen sind. Das Samenkörnchen landet immer auf dem Boden. Da der Huflattich basophil ist, d. h. kalkhaltigen, feuchten Lehmboden bevorzugt und mit sauren Standorten nichts anfangen kann, ist es vorstellbar, dass nicht sehr viele der Früchte gerade solche Bodenstellen erreichen. Das ist einer der Gründe für die hohe Samenproduktion einer einzigen Pflanze, die je nach Zahl der Blütenstände durchaus in die Tausende gehen kann. Naturgemäß lassen sich die kleinen Fallschirmjäger nicht besonders gut verfolgen, aber es ist durchaus vorstellbar, dass sie zumindest einige Kilometer zurücklegen können. Die Samen des Sumpfgreiskrautes konnten jedenfalls von den Niederlanden bis in die Norddeutsche Tiefebene verfolgt werden.

Die „ökologische Nische"

Bevor wir uns zum Schluss noch mit dem pharmakologischen Aspekt unseres Protagonisten befassen, sollten wir überlegen, wozu denn die bisher untersuchten Eigenschaften des Huflattichs gut sind. Die Evolutionstheorie verlangt ja, dass derartige Anpassungen der Spezies einen Vorteil verschaffen (oder auch deren viele). Schauen wir uns also an, welche Vorteile der Huflattich für sich verbuchen kann, und zwar aus der Sicht des Konkurrenzkampfes, der durchaus auch (vielleicht sogar gerade!?) unter Pflanzen stattfindet. Mit anderen Worten: welche ökologische Nische nutzt der Huflattich?

Zunächst haben wir natürlich den frühen Blühtermin, der die Konkurrenz anderer Blütenpflanzen um die (auch noch wenigen) Bestäuberinsekten verringert, was wiederum die Chance für eine erfolgreiche Bestäubung erhöht. Das gleiche trifft auf die Blütenstände selbst zu, markant und auffällig statt unscheinbarer Einzelblüten. Der frühe Blühtermin bringt aber auch einen Nachteil mit sich: für eine ausreichend ergiebige Assimilation (bei den grünen Pflanzen wird sie auch Photosynthese genannt), d. h. den Aufbau von Zucker (Glukose) aus Kohlenstoffdioxid und Wasser unter Energiezufuhr durch Sonnenlicht genügt die Stärke der tiefstehenden Sonne noch nicht. Da ist die zeitliche Trennung von Fortpflanzung (Blüten) und Assimilation (Blätter) sinnvoll. Wenn die Blätter erscheinen, hat die Sonne bereits einen Stand erreicht, der dafür mehr als ausreichend ist. Ein positiver Aspekt bei den benötigten Standortfaktoren: derart karge Standorte sind auch im Sommer bei anderen Pflanzen nicht sehr „beliebt", daher können sich die großen

Blätter relativ ungestört ausbreiten. Das unterirdische Rhizom und seine Ausläufer hingegen bietet „Speicherplatz" für wichtige Nährstoffe, Frost- und Lichtschutz und ist, wie wir gesehen haben, ein zusätzlicher Mechanismus zur Verbreitung der Spezies.

Gesundheit!

Der Huflattich ist eine seit alters her bekannte Heilpflanze. Schon in den Hochkulturen des Mittelmeerraumes waren die heilsamen Wirkungen bekannt (Plinius z. B. Habe ich oben bereits erwähnt), und man kann allein schon ob seines großen Verbreitungsgebietes sicher davon ausgehen, dass er auch schon lange vor der Entwicklung dieser Kulturen als Heilpflanze bekannt war. Selbst im so „finsteren" Mittelalter ging dieses Wissen nicht verloren und erhielt sich über die beginnende Neuzeit – bis in unsere in der medizinischen Wissenschaft so „fortgeschrittene" Ära.

Was die Inhaltsstoffe angeht, so haben wir hauptsächlich Schleimstoffe und Inulin (eine Zutat in der Lebensmittelherstellung, im Joghurt z. B.), Gerbstoffe, Flavonoide (Flavonoide sind prinzipiell Farbstoffe und in vielen Pflanzen vorhanden, somit auch in der menschlichen Nahrung. Ihnen werden besonders antioxidative Eigenschaften zugeschrieben). Die Pflanze enthält allerdings auch Pyrrolizidinalkaloide, letzteren wird eine leberschädigende und krebserzeugende Eigenschaft zugeschrieben. Das ist der Grund, weshalb Anwendungen des Huflattichs einmal im Jahr nicht länger als 4-6 Wochen dauern sollen.

Die Droge selbst wird aus den Blättern gewonnen. Ihre Schleimstoffe wirken reizmindernd, in der Volksmedizin verwendet bei trockenem Reizhusten, chronischer Bronchitis sowie auch bei Staublunge. Bei chronischen oder akuten Reizzuständen im Mund- und Rachenraum hilft Gurgeln. Man muss sich übrigens nicht die Mühe des Sammelns machen, Tee aus Huflattichblättern gibt es fertig auch in jeder Apotheke.

Bleibt nachzutragen: Die Bestimmung ist bei dieser Pflanze sehr einfach, der Huflattich ist nämlich der einzige Vertreter seiner Gattung!

Literaturhinweise:

Burkhard Bohne, Peter Dietze: Taschenatlas Heilpflanzen, Verlag Eugen Ulmer KG, ISBN-13: 978-3-8001-4759-5, Stuttgart 2005

Förderkreis des Arzneipflanzengartens e. V., Institut für pharmazeutische Biologie, TU Braunschweig (Herausgeber): Arzneipflanzengarten – Gartenführer zum Arzneipflanzengarten, Braunschweig 2005

Hans E. Laux, Alfred Tode: Heilpflanzen: Wachstum – Wirkung – Blüte, Umschau-Verlag Breidenstein GmbH, ISBN: 3-524-75009-5, Frankfurt/Main 1990

Peter Hagemann, Martin Egli: Botanik mit der Lupe – Beobachtungen und Versuche, Kosmos-Bibliothek, Franckh´sche Verlagshandlung W. Keller & Co., ISBN: 3-440-00295-0, Stuttgart 1977

Josef F. Klein: Unkraut verdirbt nicht – Verbreitung der Art im Pflanzenreich, Kosmos-Bibliothek, Franckh´sche Verlagshandlung W. Keller & Co., ISBN: 3-440-00278-0, Stuttgart 1973

Artikel vom 11.11.2016 für das Online-Portal naturwerke.net:

Kurios, seltsam, erstaunlich, dramatisch ..., Part 1

... und mehr können Naturbeobachtungen sein. Der Artikel von Yvonne Christ hier auf ng über Verhaltensbeobachtungen auf Helgoland hat schon einiges aufgezeigt, was man so an Merkwürdigkeiten zu sehen bekommen kann. Nun, so etwas bietet nicht nur Helgoland. Auch vor der Haustür sind durchaus derartige Seltsamkeiten zu beobachten, wenn man genau hinschaut. Die Spanne reicht dabei von amüsant bis durchaus dramatisch. Ich versuche einmal, das zu belegen!

Die Tenniskröten

An einem der ersten schönen Apriltage war ich in meinem Libellenrevier unterwegs, um mal zu schauen, ob denn schon Frühe Adonislibellen unterwegs sind. An einem fast unzugänglichen Teich in einer Senke hörte ich schon bei der Annäherung Erdkröten rufen. Beim Näherkommen sah ich dann schon das Knäuel dicht am Ufer, bestimmt sechs oder sieben Männchen. Ich dachte schon: „Alle auf einem Weibchen, die Ärmste!" Allerdings stritten sie sich nicht um ein Weibchen, wie ich bald erkannte, sondern um einen – grünen Tennisball! Richtig wählerisch scheinen die Krötenmännchen nicht zu sein; etwas Rundes, Dickes, Grünes, das sich im Wasser auch noch bewegt, kann nur ein Weibchen sein. Zwei „echte" Weibchen saßen übrigens ziemlich frustriert dicht daneben. Ich hoffe nur, dass nicht allzu viele grüne Tennisbälle ihren Weg in Teiche finden, sonst müssen wir wohl um den Nachwuchs fürchten ...!

Der Spatzensittich

Ein anderer Spaziergang im November brachte eine Beobachtung, die mindestens unerwartet war. In einem Schwarm Haussperlinge, der einen gerade bearbeiteten Acker nach Leckerbissen absuchte, entdeckte ich einen anderen Vogel, der sich ihnen offensichtlich angeschlossen hatte. Als ich näherkam, flogen sie auf und setzten sich ein paar Meter weiter wieder hin. Bei dem steilen Gegenlicht (die Sonne stand schon sehr tief) gelang mir nur ein einziger Schnappschuss. Übrigens war er jemandem aus unserer Nachbarschaft entflogen, wie ich später erfuhr. Allerdings wurde er danach nicht mehr gesehen, ich vermute, er ist einem Sperber zum Opfer gefallen, der hier gerne jagt!

Der Eisrückenschwimmer

Selbst im tiefsten und strengsten Winter kann man verblüffende Beobachtungen mit – Insekten machen! Ich
suchte auf der Eisfläche eines Teiches
in meinem Libellenrevier nach Reifbil-
dungen, die sich oft an Unebenheiten
oder herausragenden Pflanzenstän-
geln finden. Dabei fiel mir eine recht
große Luftblase zwischen den vielen
kleinen am Ufer auf. Bei näherem Hinsehen entpuppte sie sich als Rückenschwimmer, den es eiskalt erwischt

hatte! Ich vermute, dass seine Bewegungen im Todeskampf dann die große Luft-
blase erzeugt haben. Aber – vielleicht war er ja gar nicht tot, sondern nur in einer Art Kältestasis. Niemand weiß es ...!

David und Goliath

Blindschleichen sind faszinierend. Sie sehen aus wie Schlangen, gehören aber
tatsächlich zu den Eidechsen. Ein kleiner
Mischwald vor meiner Haustür beherbergt
einen ansehnlichen Bestand dieser Spezies. Auf diese Weise kann ich häufiger welche beobachten; wenn man sich vorsichtig
auf dem Boden kriechend nähert, kann
man sie sogar fast berühren, ohne dass
sie fliehen. Auf diese Weise gelangen mir
die beiden Fotos von David und Goliath.
Das eine trägt den Titel: „Alle tanzen mir
auf dem Kopf ´rum", das andere „Hi, darf
ich reinkommen?". Ich weiß nicht, ob Blindschleichen Ameisen fressen, aber wenn,
dann hat diese wohl den sichersten Platz
gefunden!

Peinlich, peinlich!

Frösche ernähren sich von Insekten, unter anderem natürlich auch von Fliegen. Diese Tatsache scheint sich aber unter den Fliegen auch schon herumgesprochen zu haben. Und bei denen scheint es besonders schlaue Exemplare zu geben, die genau wissen, wo bei einem Frosch der sicherste Platz ist. Letzterer hat sicher nur gehofft, dass das keiner sieht. Sehr peinlich!

Der Zuckerdieb

Ich esse für mein Leben gerne Zuckerkuchen, ganz besonders an schönen Sommertagen auf der Terrasse. Dabei bleibt es natürlich nicht aus, dass ein paar Krümel herunterfallen, ganz besonders, wenn man ungeschickterweise ein Stück Kuchen fallen lässt. Weie allerdings feststellen konnte, brauchte ich mir um die Zuckerkrümel keine Gedanken zu machen. Da waren sogleich sechsbeinige Diebe am Werk, einen davon konnte ich für ein Fahndungsfoto auf den Kamerachip bannen!

Zukünftiges Sammlerstück

Uns zieht es in den letzten Jahren im Urlaub immer nach Fehmarn, auf die Sonneninsel mit der Vogelzug-Zugabe. Auch an der Wattenmeerküste der Nordsee und etwas nördlicher in Dänemark waren wir oft. Alle diese Reisen hatten eines gemeinsam: Wir suchten oft nach Bernstein, möglichst natürlich mit Einschluss. Wir haben aber nie etwas gefunden.
Dafür fand ich vor der Haustür jedoch Beispiele dafür, wie solche Schmuckstücke entstehen! Verletzte Kiefern „bluten" besonders stark, und genau da fand ich dieses zukünftige Schmuckstück!

Respektvolle Nachbarn

Es ist schon fast ein Klischee, aber menschliche Nachbarschaften sind manchmal nicht so besonders glücklich. Da sind Grenzverletzungen und Schar-mützel manchmal an der Tagesordnung. Um so beeindruckender war für mich der Augenblick, in dem ich dieses Motiv ent-deckte. Ein anderer Titel als „Respektvoll" wollte mir zu diesem Bild partout nicht einfallen. Peter Wohllebens Buch „Das geheime Leben der Bäume" habe ich erst kürzlich gelesen – ich wäre sonst noch mehr beeindruckt gewesen.

Entwurfstätigkeit

Die Wissenschaft erzählt uns immer etwas von Evolution. Nach vielen Beobachtun-gen in der Natur kommen wir langsam Zweifel. Für mich sieht es mittlerweile eher so aus, als wenn die Natur ihre Entwürfe zunächst an unbelebten Materialien tes-tet, zumindest das Design. Anders ist die Fülle des Beweismaterials kaum noch zu erklären, siehe Fotostrecke (Bitte das mit der Evolution nicht so ernst nehmen).

Kurios, seltsam, erstaunlich, dramatisch... Part 2

In Part 1 habe ich die eher amüsanten Beobachtungen geschildert. Davon sind hier natürlich auch wieder welche dabei, aber ich will mal mit den dramatischen beginnen. Dann gilt es, ein Rätsel zu lösen (was fast ein Jahr gedauert hat!), aber zum Schluss gibt es dann doch noch ein paar amüsante Begegnungen.

Der Kampf mit der Beute

Netze von Trichterspinnen hat bestimmt jeder Spaziergänger schon gesehen, man findet sie oft auf dem Boden auf Flächen mit niedriger Vegetation. Die Spinne selbst dagegen bleibt eher unsichtbar, weil sie im Trichter sitzt und auf Beute lauert, die sich in dem großen Netz verfängt. Die meisten Menschen gehen gar nicht erst so dicht heran, um die Spinne im Trichter zu betrachten. Ich hatte das Glück,  eine Labyrinthspinne beim Fang eines Ockerbraunen Weichkäfers zu beobachten. Der erste Giftbiß (eigentlich ist es ein Stich) ging wohl daneben, und ein dramatischer Kampf begann. Der Käfer wehrte sich nach Kräften und konnte auch den weiteren Giftattacken der Spinne immer wieder ausweichen. Sie versuchte dann, immer wieder schnell um ihn herumlaufend, ihn einzuspinnen. Auch das klappte offensichtlich nicht richtig, immerhin wogte der Kampf fast 15 Minuten immer hin und her. Man meinte die beiden Gladiatoren fast keuchen zu hören.Zuletzt siegte die Spinne, aber sie hatte sich auch voll verausgabt. Ich denke, hier traf eine unerfahrene Spinne auf einen erfahrenen Käfer!

Rivalenkampf?

Im Garten unseres Ferienhauses auf Fehmarn können wir vom Küchenfenster immer viele Haussperlinge beobachten, die den Rasen nach Leckereien absuchen. Immer wieder gibt es dabei auch Zankereien, die aber stets schnell beigelegt werden, immerhin ist genug für alle da. Dann aber sahen wir einen Kampf zwischen zwei Spatzenmännchen, der uns einen Schauer über den Rücken jagte. Den Grund des Streites sahen wir nicht, wir konnten nur beobachten, dass ein offensichtlich überlegenes Männchen seinen Gegner immer wieder angriff und sogar ernsthaft verletzte. Der Unterlegene versuchte mehrfach zu fliehen, wurde aber von seinem Gegner jedes Mal verfolgt und wieder attackiert. Normalerweise sind solche Kämpfe nach unserer Erfahrung vorbei, wenn der Unterlegene Fersengeld gibt. Das war hier nicht der Fall, nach unserem Eindruck ging es bei diesem Kampf um Leben und Tod. Das Ende habe wir nicht mehr mitbekommen, da die beiden Streithähne ihren Zwist im Nachbargarten fortsetzten. Da das Ganze Ende April stattfand, könnte es sich vielleicht um einen Rivalenkampf gehandelt haben. Es bleibt rätselhaft.

Die Rätselsubstanz

Der Goslarer Stadtteil Oker ist bekannt für Schwermetalle im Boden und Altlasten mit allen möglichen Horrorsubstanzen, die Hinterlassenschaften aus mehr als 500 Jahren Bergbau. Wen wundert es da, wenn man in einem kleinen Wäldchen am Stadtrand eine merkwürdige Substanz findet, die sofort äußerstes Misstrauen erregt. Das Zeug sah aus wie ein Käse, war bei Trockenheit graugrün und bei Nässe eher grün und hatte die Konsistenz von Hefe. Es lag neben dem toten Stamm einer alten Wildkirsche, und zwar mindestens 2 Jahre, ohne sich wesentlich zu verändern. Irgendwann wurde es mir unheimlich, ich fotografierte es und nahm eine Probe. Ein Freund aus der naturgucker-Gemeinde bot sich an, es mikroskopisch zu untersuchen und erstellte sogar Fotos von Strukturen innerhalb der Substanz. Zu einem Ergebnis kam er allerdings auch nicht. So blieb es zunächst ein Rätsel.

Ein Jahr nach der Probenahme sah ich (die Substanz war immer noch da), dass sich an dem Kirschenstamm Schwefelporlinge, also Baumpilze, entwickelten. Sie wuchsen, wurden reif, überständig und fielen schließlich herunter – und sahen genau so aus wie die vertrackte Rätselsubstanz. Es waren also die Überreste von

Schwefelporlingen, die sich offensichtlich noch sehr lange auf dem Boden halten, bis sie schließlich von Bakterien, Springschwänzen etc. zu Humus verarbeitet worden sind. Das Rätsel war gelöst!

Die diebische Wespe

Wenn man eine Wespe im Netz einer Spinne zappeln sieht, wird man als Naturbeobachter erst einmal genauer hinsehen, immerhin verspricht es einen spannenden Kampf zwischen Spinne und Wespe zu geben. In diesem Fall war es das Netz einer Spaltenkreuzspinne, einem alten Weibchen, das fast eineinhalb Mal so groß war wie die Wespe. Als ich näherkam, flog die Wespe jedoch weg; sie konnte sich befreien. Etwas enttäuscht wollte ich wenigstens die Spinne fotografieren, noch als ich die Kamera bereitmachte, kam die Wespe zurück und flog wieder ins Netz. Irgendwie gewann ich den Eindruck, dass ich hier Zeuge eines Suizidversuches wurde. Dann aber sah ich, dass die Wespe eine kleine, eingesponnene Beute aus dem Netz löste und sie wegtrug. Total perplex wollte ich nun die Spinne fotografieren, als die Wespe wieder da war. Der Vorgang wiederholte sich noch zweimal. Da war offensichtlich jemand zu bequem, die Beute zu jagen; Klauen ist wohl weniger aufwändig und das Risiko wert!

Der elektrische Hase

Elektroautos haben einen Nachteil: Die Reichweite ist noch gering und das Aufladen der Akkus dauert sehr lange. Da sind die Hasen in Westfehmarn schon wesentlich weiter: Sie nutzen Hochspannung, um ihre Akkus aufzuladen. Er war danach unglaublich schnell, und ich glaube, er hat sogar ein wenig geleuchtet!

Funde seltener Spinnen im Raum Goslar und Oker

Aufsatz vom 23.06.2018

Flussuferwolfspinne *(Arctosa cinerea)*

Streifbeinige Tarantel *(Alopecosa striatipes)*

uzspringspinne *(Pellenes tripunctatus)*

Spinnen sind (leider) wohl mit Abstand die unbeliebtesten Arthropoden (Gliederfüßer) unserer Tierwelt. Dabei sind Farben, Formen und Lebensweise der Achtbeiner mindestens ebenso faszinierend wie fesselnd, und die Beschäftigung damit kann der Vogelbeobachtung durchaus das Wasser reichen (höre ich da Widerspruch?). Scherz beiseite: Neben den Allerweltsarten kann unser Gebiet durchaus mit einigen Besonderheiten aufwarten.

Beginnen wir mit der wohl markantesten, der Flussuferwolfspinne *(Arctosa cinerea)*. Sie war Spinne des Jahres 2006 und galt in Niedersachsen als ausgestorben (Rote Liste_Status 0). 2016 nun tauchte die imposante Spinne in Form eines jungen Weibchens in der Okeraue wieder auf, nach fast 40 Jahren der erste Fund in Niedersachsen. Sie ist also noch nicht ganz ausgestorben.

Wir bleiben in der Okeraue, und zwar im Flussschotterbereich, beginnend am Ortsrand von Oker bis etwa zur Probsteiburg. Dieses Gelände hat einige Besonderheiten aufzuweisen. Die Gestreifte Scheintarantel *(Alopecosa striatipes)* gehört dazu, auch eine unserer großen Wolfsspinnenarten (groß will heißen ca, 16-18 mm!). Sie ist zwar im südlichen Niedersachsen nachgewiesen, dieser Fund aber gilt nach wie vor als der nördlichste in Deutschland.

Auch die Kreuzspringspinne *(Pellenes tripunctatus)*, eine Winzigkeit von ca. 4 mm, hat eine große Population in der

Okeraue. Sie gilt als eine der schönsten Spinnen, namentlich das Männchen, obwohl man das wirklich erst mit einer Lupe sehen kann – oder eben in der Nahaufnahme. Sie hat für Niedersachsen den Status 2 in der Roten Liste.

V-Fleck-Springspinne (*Aelurillus v-insignitus*)

Mit Status 3 wartet die V-Fleck-Springspinne (*Aelurillus v-insignitus*) auf, die markante Kopfzeichnung des Männchens hat ihr den Namen gegeben. Auch sie gehört zu den Winzigkeiten. Ihre Population in den mageren Flussschotterbereichen ist noch weit größer als die der Kreuzspringspinne. Auf dem rechten Bild das Männchen mit der charakteristischen Kopfzeichnung, das linke Bild zeigt das Weibchen.

Heide-Ringelbeinspringer (*Talavera petrensis*)

Mit der *Talavera petrensis*, die ebenso klein ist und die Heide-Ringelbeinspringer heißt, haben wir die vorletzte Art aus den Flussschotterbereichen der Oker. Auch sie gehört zu den Springspinnen und steht mit dem Status 3 in der Roten Liste für Niedersachsen.

Sibianor larae

Damit kommen wir zu einer weiteren Springspinne ohne Trivialnamen, die in Niedersachsen noch nie gefunden wurde, ein echter Erstfund also. Sie heißt *Sibianor larae* und erreicht maximal 3 mm. Das überdimensionale erste Beinpaar ist ein Kennzeichen der Gattung. Sie war dermaßen agil, dass kein einziges Bild wirklich scharf wurde, die Bestimmungsmerkmale allerdings waren einwandfrei zu erkennen.

Kupferne Feldspinne (*Agroeca cuprea*)

Drei weitere bemerkenswerte Arten habe ich am Sudmerberg, und zwar an der Ostflanke, Nähe Mehrzwecksporthalle, gefunden. Die erste heißt Kupferne Feldspinne (*Agroeca cuprea*) und gehört zur gleichen Gattung wie

die bekanntere Feenlämpchenspinne (*Agroeca brunnea*). Die *A. cuprea* hat in Niedersachsen den RL-Status 2 und ist damit stark gefährdet. Das Exemplar auf dem Bild ist gerade beim sogenannten „Ballooning". Dabei lässt die Spinne einen Flugfaden heraus, der, wenn er lang genug ist, das Tier mit dem Wind in neue Lebensräume trägt.

Eine weitere Art ist die Grüne Huschspinne (*Micrommata virescens*), die man am Wegrand im Staudenbereich oder im hohen Gras finden kann – wenn man sie aufgrund der Färbung (komplett grasgrün) sieht. Sie gehört zu den Riesenkrabbenspinnen. Das Tier auf dem Foto ist ein noch nicht ausgefärbtes Jungtier.

Ein bemerkenswerter Fund gelang mir mit einem Männchen der Schwarzbewimperten Springspinne (*Pellenes nigrociliatus*), die in Niedersachsen den RL-Status 1 hat, also vom Aussterben bedroht ist. Auf dem Foto ist ein Männchen zu sehen. Diese Spinne hätte übrigens weit besser in den Lebensraum Flussschotterbereich an der Oker gepasst.

Grüne Huschspinne (*Micrommata virescens*)

Der letzte und aktuellste Fund betrifft die Trapez-Krabbenspinne (*Pistius truncatus*). Im Waldgebiet rund um die Morgensternteiche war sie anzutreffen. Sie hat zwar einen RL-Status, aber hier könnte die Seltenheit der Funde auch mit der Lebensweise zu tun haben. Sie bewohnt gerne den Kronenbereich von Laubbäumen und bevorzugt dabei offensichtlich Eichen. Vielleicht wird sie deshalb wenig gefunden.

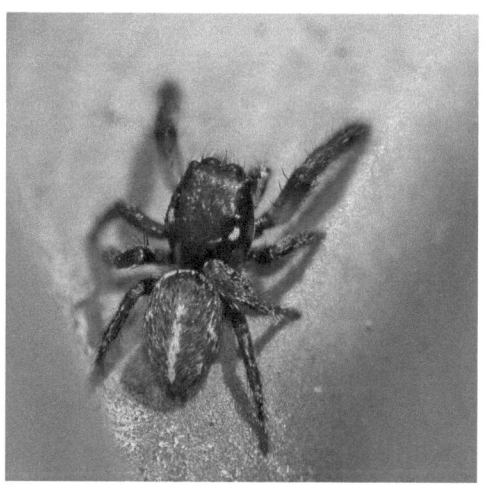

Schwarzbewimperte Springspinne (*Pellenes nigrociliatus*)

Möglicherweise trifft das auch auf andere Spinnenarten zu, jedoch nicht aus

dem gleichen Grund. Ich nehme an, dass dies auch mit der geringen „Beobachter-dichte" zu tun hat, denn Spinnen singen nicht und haben keine bunten Federn!

Text und Fotos
Gerwin Bärecke

Trapez-Krabbenspinne (*Pistius truncatus*)

Aufsatz vom 23.06.2018

Noch eine Spinne und viele Insekten ...

... seltener Arten gibt es bei uns im Raum Goslar. Zu den seltenen Spinnen aus meinem ersten Artikel kommt mittlerweile eine weitere hinzu. Zudem gibt es einiges zu berichten über seltene bzw. bedrohte Käferarten, über Heuschrecken und eine äußerst bemerkenswerte Zikade, letztere wohl ein Erstfund für Niedersachsen. Beginnen wir mit dieser Besonderheit, die ich am Osthang des Sudmerberges fand.

Europäischer Laternenträger (*Dictyophara europaea*) heißt sie, und dieser Trivialname gibt sicher erst einmal zu denken. Die Etymologie ist denn auch einigermaßen merkwürdig, hier ein Zitat aus Wikipedia: *Der Name Laternenträger leitet sich eigentlich von einer anderen Art der Familie, dem „Laternenträger" Fulgora laternaria ab. Diese südamerikanische Art ist in Europa schon früh bekannt geworden, unter anderem durch die Stiche von Maria Sibylla Merian. Dieser trägt einen blasenförmigen Kopffortsatz, der nach den Berichten einiger der frühen Forschungsreisenden angeblich so hell leuchten würde, dass man dabei lesen könne[4]. Auf unsere Art ist der Name übertragen worden, ohne dass es eine vergleichbare Sage gegeben hätte. Der wissenschaftliche Gattungsname Dictyophara bedeutet frei übersetzt „die ein Netz(gewand) trägt"[5] (von griech: dictyon: Netz und phorein: tragen).* (Zitatende)
Nach meinem bisherigen Wissensstand ist es in der Tat für Niedersachsen ein Erstfund, für die wärmeliebende, mediterrane Art allerdings nicht der nördlichste Fund. Diese Zikade wurde auch schon nördlich von Hamburg in Schleswig-Holstein gefunden. Sie profitiert eindeutig vom Klimawandel.

Damit kommen wir zum Nachtrag für die Rote Liste-Arten der Spinnen. Im NSG Vienenburger Teiche ist die Dunkle Streckerspinne (*Tetragnatha nigrita*) zu finden. Ich hatte sogar mehrere Weibchen und ein Männchen, möglicherweise haben wir dort sogar eine recht ansehnliche Population dieser seltenen Streckerspinne, die für Niedersachsen den Status 3 in der Roten Liste hat. Wie fast alle Arten der Gattung ist sie auf die Randbereiche von Feuchtgebieten angewiesen. Sie ist deutlich dunkler als die anderen Arten und weist etwa in der Mitte des Hinterkörpers (Opisthosoma) eine Art sattelförmige Ausbuchtung auf, die durch die Zeichnung des Hinterkörpers noch hervorgehoben wird.

Zurück zu den Insekten. Am Besten beginne ich mit den beliebtesten, den Schmetterlingen. Die drei Arten, die ich hier vorstelle, könnten beliebt sein – wenn sie denn häufig wären. Das ist jedoch bei beiden leider nicht der Fall, ganz im Gegenteil. Der Ockerfarbene Steppenheide-Zwergspanner (Idaea ochrata) gilt immerhin in Niedersachsen als vom Aussterben bedroht (Bild links): Rote Liste-Status

1. Er fliegt in den trockenen, warmen und kurzrasigen Flussschotterbereichen in der Okerniederung zwischen Oker und Propsteiburg.

Nicht viel besser steht es um die Trockenrasen-Grüneule (Calamia tridens), die den gleichen Lebensraum bevorzugt (Bild rechts). Sie gilt als stark gefährdet und steht daher mit dem Status 2 in der Roten Liste.

Die dritte Art, die ich hier vorstelle, ist aufgrund ihrer Lebensweise als selten zu betrachten. Die Raupen des Grasnelken-Glasflüglers (Pyropteron muscaeforme) leben monophag im Wurzelbereich von Grasnelken (Armeria maritima), in unserem Falle also an der Subspezies Hallersche Grasnelke (Armeria maritima subsp. halleri). Sie kann folglich nur überall dort gefunden werden, wo diese Pflanze zu finden ist (Bild nebenstehend). Letztere ist auf schwermetallhaltige Böden beschränkt und daher selten und streng geschützt. Wir werden sehen, dass noch ein weiteres Insekt auf diese Pflanze angewiesen ist.

Alle drei hier vorgestellten Schmetterlinge bevorzugen trockene, warme Lebensräume mit spärlicher Vegetation, also mit steppenartigem Charakter; beim Grasnelken-Glasflügler kommt die Schwermetallvegetation hinzu. Derartige Lebensräume gibt es bei uns kaum noch, allenfalls rudimentär in den Flusstälern von Oker und Innerste sowie an einigen anderen Stellen mit flachgründigem Boden und spärlicher Vegetation wie bei Kalk-Halbtrockenrasen. Leider gibt es aktuell Grund zur Sorge, was diese Art Lebensräume angeht. Der Stickstoffeintrag aus der Luft ist so groß, dass alles von stickstoffliebenden Pflanzen überwuchert wird. Langfristig könnte das für Offenlandarten wie die vorgestellten Schmetterlinge und viele andere das Aus bedeuten. Das gilt auch für die nächsten beiden Spezies aus der Ordnung der Heuschrecken (Saltatoria).

Sie sind beide Blauflügelarten, wobei damit die Hinterflügel gemeint sind, die nur im Flug zu sehen sind. Ansonsten werden sie von den Vorderflügeln verdeckt und sind unsichtbar. Die Blauflügel-Ödlandschrecke (*Oedipoda caerulescens*, Bild oben) und die Blauflügel-Sandschrecke (*Sphingonotus caerulans*, Bild unten) findet man in den erwähnten Lebensräumen an der Oker und an der Innerste, allerdings auch an anderen offenen Stellen im Landkreis wie Steinbrüche oder Sandgruben, sogar auf Parkplätzen habe ich beide schon gefunden.

Beide Arten gelten als stark gefährdet, und zwar aufgrund der Vernichtung ihrer Lebensräume. Die Blauflügel-Ödlandschrecke ist im nördlichen Deutschland bereits so gut wie ausgestorben (namentlich in der Lüneburger Heide), das Gleiche gilt für die nördliche Unterart der Blauflügeligen Sandschrecke in Schleswig-Holstein.

Beide Arten sind sich übrigens habituell sehr ähnlich und kommen auch oft vergesellschaftet vor. Gut unterscheiden kann man sie im Flug, die Ödlandschrecke hat einen schwarzen Saum an den Hinterflügeln, der bei der anderen Art fehlt. Der Halsschild ist unterschiedlich geformt und es gibt ein weiteres sicheres Merkmal an den Sprungbeinen, allerdings nur mit einer Lupe sichtbar.

Kommen wir zu den Käfern. Im Zusammenhang mit der Hallerschen Grasnelke erwähnte ich bereits, dass es ein weiteres Insekt gibt, das auf diese Pflanze angewiesen ist. Es ist ein Käfer, heißt Grasnelkenrüssler (*Sibinia sodalis*) und lebt ebenfalls monophag auf dieser Pflanze. Es gilt also für dieses Käferchen das Gleiche, was ich bereits für den Grasnelken-Glasflügler ausführte. Man muss allerdings eine Lupe dabei haben, denn das Kerlchen ist lediglich 2 mm groß (oder besser klein!). In Niedersachsen wurde dieser Käfer bisher lediglich im nördlichen Harzvorland gefunden, so zumindest geht es aus der Verbreitungskarte der Internetplattform kerbtier.de hervor.

Die nächste Käferart ist durchaus auch ohne Lupe zu sehen, wenn man denn einen findet; er ist immerhin etwas mehr als einen Zentimeter groß. Es ist der Glattschienige Pinselkäfer (*Trichius gallicus*, auch *Trichius zonatus*). Er gehört zur Familie der Blatthornkäfer, zu der beispielsweise auch der Maikäfer gehört. Er reiht sich in die Unterfamilie der Rosenkäfer ein und gilt in Deutschland als gefährdet.

Ich habe ihn in unserer Region schon mehrfach gefunden, der auf dem Foto saß auf einem Weidezaun am Osthang des Sudmerberges.

Ein weiterer seltener Vertreter aus der Unterfamilie der Rosenkäfer ist der Grüne Edelscharrkäfer (*Gnorimus nobilis*). Er gilt überall in Europa als gefährdet, seine Larven sind, wie viele Käferlarven, auf totes Weichholz angewiesen. Der fertige Käfer ernährt sich von Blütenpollen, die bevorzugte Pflanze ist dabei das Mädesüß. Das hat z. B. in Großbritannien dafür gesorgt, dass Empfehlungen für die Bewirtschaftung von Wiesen ausgesprochen wurden, die den Bestand dieser Pflanze sichern sollen. In den Mädesüßbeständen an der Oker, mitten im Ortsteil, ist er zu finden.

Der Moschusbock (*Aromia moschata*), früher weit verbreitet, gehört inzwischen auch zu den gefährdeten Käferarten. Das hat ihm den Status „besonders geschützt" nach dem Bundesnaturschutzgesetz und der Bundesartenschutzverordnung eingetragen. Der Käfer bzw. seine Larve ist auf Weichholzarten angewiesen, insbesondere auf Weiden. Kopfweiden z. B. werden bevorzugt, seit dem Ende der Korbflechterei gibt es aber

kaum noch welche. Der fertige Käfer sitzt gerne auf Blüten, ich habe ihn bisher oft auf Mädesüß oder Wiesenkerbel an der Oker, in Grauhof und in der Ohlei gefunden.

Der Gefleckte Langrüssler (*Cyphocleonus dealbatus*) macht seinem Namen alle Ehre, wie man auf dem Foto sehen kann. Im Naturschutzgebiet Okertal zwischen Vienenburg und Goslar findet man ihn gelegentlich. Später im Jahr sitzt er gern auf trockenen Blütenständen von Schafgarbe (wie auf dem Foto) und ist dort aufgrund seiner ausgezeichneten Tarnfarbe kaum zu entdecken. Er gilt als gefährdet (Status 3). Neuerdings ist er auch am Sudmerberg nachgewiesen.

Eine besonders geschützte Art nach der Bundesartenschutzverordnung ist der Feldsandlaufkäfer (*Cicindela campestris*) – wieder einmal wegen der Vernichtung seiner Lebensräume. Der kleine grüne Kobold ist sehr flink und im Gegensatz zu vielen seiner „Kollegen" auch sehr flugfreudig, so dass man als Fotograf seine liebe Not mit dem Burschen hat. Relativ leicht ist es bei der Paarung oder bei der Eiablage (Bild nebenstehend), sie fotografisch zu erwischen. Interessant ist die Lebensweise seiner Larven. Kreisrunde, ca. 5 mm durchmessende Löcher im Boden lassen auf ihre Anwesenheit schließen (Bild unten). Die Larve sitzt am oberen Ende der Röhre, verschließt diese mit dem Halsschild und wartet auf unvorsichtige Insekten. Kommt eines, schießt sie heraus, packt es mit den kräftigen Kieferzangen und zieht es in die Röhre. Um die Larve allerdings zu sehen, muss man sich den Röhren sehr vorsichtig, möglichst ohne Bodenerschütterung, nähern. Ansonsten muss man sehr lange warten, bis sie wieder nach oben kommt.

Der letzte Käfer, den ich hier vorstellen möchte, ist der Sechstropfige Halsbock (*Anoplodera sexguttata*), gefunden im Waldgebiet der Ohlei. Es ist eine wärmeliebende Art, deren Häufigkeit von Süden nach Norden kontinuierlich abnimmt. Alte Laubmischwälder in niederen, warmen Lagen sind sein Lebensraum. Auch diese Art ist auf Totholzvorkommen für ihre Larvalentwicklung angewiesen.

Und last not least noch ein Vertreter der Libellen, ganz aktuell im Juni an einem kleinen Altarm der Oker entdeckt. Der Südliche Blaupfeil (*Orthetrum brunneum*) ist zwar im Landkreis heimisch (Wolfgang Specht per E-Mail), wurde allerdings gerade in diesem Bereich noch nicht gefunden.

Text und Fotos: Gerwin Bärecke

Neuigkeiten aus der Welt der Arthropoden (Goslar und Umgebung)

Aufsatz vom 25.06.2019, Homepage NWV

Man kommt leicht in den Ruf, ein Seltenheiten-Jäger zu sein. Das trifft für mich auf gar keinen Fall zu, im Gegenteil bin ich der Meinung, dass wir in die falsche Richtung unterwegs sind, wenn wir nur die Seltenheiten schützen. Manchmal findet man aber Seltenes, oder Bedrohtes (letzteres immer öfter), ich finde, man darf dann auch in dieser Form darüber berichten.

Käfer am Sudmerberg

Die Ostflanke des Sudmerberges am Ortsrand von Oker ist trotz intensiver Land- und Weidewirtschaft immer wieder gut für den Fund seltener Insekten. Kürzlich ist wieder eines aufgetaucht, diesmal in Form eines Käfers. Ein Weißrüsseliger Breitrüssler (*Tropideres albirostris*) hatte sich auf einen Weidepfahl am Rande der Pferdeweide verirrt.

Dieser Käfer gehört zu den Breitrüsslern (*Anthribidae*), deren Familie weltweit 3000 Arten zählt, von denen die meisten allerdings in den Tropen beheimatet sind. Ganze 20 Arten kommen in Deutschland vor.

Die Internet-Plattform Kerbtier.de zeigt auf der Verbreitungskarte zum Weißrüsseligen Breitrüssler ganze 18 Funde für Deutschland, davon in Niedersachsen nur einen einzigen (mein Fund ist aktuell noch nicht eingetragen).

Die Funde seltener Insekten und Spinnen dürfen allerdings nicht darüber hinwegtäuschen, dass der Arten- und Individuenschwund natürlich auch in Oker und am Sudmerberg keine Ausnahme macht!

Spinne in der Gipskuhle

Manchmal ist man sicher, ein Insekt oder eine Spinne oder was auch immer im Feld richtig bestimmt zu haben. Beim Bearbeiten der Fotos am heimischen Bildschirm und daher auch dem genauen Betrachten des Bildinhaltes kommen doch plötzlich Zweifel auf. So ging es mir mit der oben erwähnten und hier abgebildeten Spinne, die ich vor Ort als Männchen der Sumpf-Krabbenspinne (*Xysticus ulmi*) bestimmt hatte. Letztere ist eine der häufigsten Krabbenspinnen bei uns, daher war die Bestimmung zunächst auch logisch. Aber besagte Zweifel zwingen doch, sich das Tier näher anzusehen, zumal es auch noch zwei Verwechslungsarten gibt. Und in der Tat entpuppte sich der Spinnenmann nach intensiven Recherchen letztlich als kleine Seltenheit. Es ist Zweigestreifte Busch-Krabbenspinne (*Xysticus bifasciatus*). Für fast ganz Deutschland gilt, dass die Art sogar recht häufig ist, allerdings nur im Süden (Verbreitungskarte der Art bei der Arachnologischen Gesellschaft). Etwa auf Höhe des Harzes nimmt die Häufigkeit nach Norden hin dramatisch ab, für Niedersachsen gibt es nur 13 Funde, davon 4 aktuelle. Das bedeutet den Status 3 in der Roten Liste für Niedersachsen. Es stellt sich allerdings einmal mehr die Frage, ob gerade bei Spinnen die Seltenheit mancher Art in unserem Bundesland möglicherweise mit einer geringen „Beobachterdichte" zusammenhängt.

Libelle im Okertal

Unweit des Umspannwerkes in der Nähe der Lebenshilfe (Propsteiburg) fand ich am 13.06.2019 ein Männchen der Vierfleck-Libelle (*Libellula quadrimaculata*), *forma praenubila*. Die dunklen Bänder unterhalb des Flügelmals sollen lt. Literatur dann entstehen, wenn die Larvalentwicklung im Endstadium in warmem Wasser stattfindet. Zumindest soll die *forma praenubila* relativ selten auftreten (Wolfgang und Ursula

Specht haben die Form ebenfalls in ihrem o. e. Buch beschrieben). Gewagte Vermutung: Vielleicht beschert der Klimawandel zukünftig mehr Exemplare der forma praenubila, wenn die Theorie stimmt (das ist nur halb im Scherz gemeint).

Käfer im Gras

Insgesamt war ich persönlich ziemlich enttäuscht ob der wenigen Arthropoden, die während der Kartierungsexkursion des NWV Goslar zum GEO-Tag der Artenvielfalt am 15. Juni 2019 gefunden wurden. Das betrifft m. E. sowohl Arten als auch Individuen, insbesondere die Situation bei den Schmetterlingen ist erschütternd.

Immerhin war aber bei den Käfern ein kleines Highlight dabei: Der Gelbstirnige Warzenkäfer (*Clanoptilus elegans*) ist in Süddeutschland relativ häufig, hier bei uns in Norddeutschland extrem selten. Die Plattform Kerbtier.de meldet für diesen Käfer nördlich des Harzes nur 5 Funde, er hat daher auch den Status 3 (gefährdet) in der Roten Liste.

Bericht und Fotos: Gerwin Bärecke

Wie man sich irren kann...!

Aufsatz vom 03.02.2021, Homepage NWV

Falsche Wassermilben

Beim Fotografieren, namentlich bei der Makrofotografie, hat man (oder besser: habe ich) oft das Problem, dass aus dem Augenwinkel schon das nächste Motiv anvisiert wird, während man gerade noch etwas anderes fotografiert. Das mindert, zugegeben, manchmal die nötige Sorgfalt.

Um so größer ist später bei der Bildbearbeitung und -archivierung oft die Überraschung, was sich denn da auf den Bildern tummelt. Bei der ersten Spezies, die ich hier zeige, war für mich die Sache sofort klar. Winzige, ca. 1 mm kleine Wesen, zu Hunderten in einem Tümpel, der sich in der Fahrspur eines Feldweges gebildet hatte (in der Nähe des Umspannwerkes/Propsteiburg). Das können nur Wassermilben sein – dachte ich und speicherte das Bild zu späteren Bestimmung ab.

Dann die Überraschung: Bei näherem Hinsehen war sofort klar, dass es keine Wassermilben sein können. Die erste Vermutung, dass es sich um Urzeitkrebse (Branchiopoden) handeln könnte, war schnell verworfen. Weitere Recherchen führten schließlich zu den Muschelkrebsen, den Ostracoden.

Muschelkrebse besitzen eine zweiklappige, verkalkte Schale, die sie fest ver-
schließen können und so lange Zeit vor Austrocknung geschützt sind. Sie können
daher fast alle Gewässertypen besiedeln, vor allem auch kleine Temporärgewäs-
ser wie Pfützen oder Tümpel. Einzige Bedingung: das Wasser darf nicht sauer
sein, da sonst die Kalkschalen nicht gebildet werden können. In Mooren wird man
sie daher nicht finden.
Sie spielen nicht nur in der paläontologischen Forschung als Leitfossilien eine
große Rolle. Rezente Arten sind auch ökologisch von Bedeutung, sie gehören
nämlich zu den Destruenten abgestorbener organischer Substanzen in den Gewässern, namentlich den im Herbst eingetragenen Blättern.
Ausführliche Informationen über die Ostracodenfauna des Harzes und des
nördlichen Harzvorlandes haben Gerhard Hartmann und Dietrich Hiller in einem
Aufsatz zusammengefasst, der in der Festschrift „125 Jahre Naturwissenschaftli-
cher Verein Goslar" von 1977 abgedruckt ist.

Auf dem Foto ist mit einiger Wahrscheinlichkeit die Spezies Schmutziggelber
Muschelkrebs (*Heterocypris incongruens*) abgebildet, allerdings sind Ostracoden
nur mit Expertenwissen wirklich zu bestimmen. Teilweise sind herausgestreckte
Extremitäten sowie das (einzige?) Auge zu erkennen.

Hier irrte nicht nur der Fotograf!

Die zweite Art, die bei der Bearbeitung der Bilder für eine Überraschung sorgte,
war eine Jungraupe (L3) des Beifuß-Mönchs (*Cucullia absinthii*) an der Okerpromenade. Da das Bild technisch nicht einwandfrei war, wollte ich es schon
löschen, als mir an der Unterseite der Raupe kleine grüne Kugeln auffielen. Die

Ausschnittvergrößerung zeigte schließlich, dass es sich um ein Eigelege handelte. Es könnte ein anderer Schmetterling gewesen sein, aber auch ein Wanzengelege ist nicht auszuschließen. Wer auch immer, das war jedenfalls ein Irrtum!! Allerdings möchte ich hier auch Parasitismus durch eine Raupenfliege nicht ausschließen. In dem Fall wäre es dann doch kein Irrtum gewesen.

Rotes Ordensband und was noch?

An einer schattigen Felswand im Okertal, nahe Waldhaus, konnte ich ein Rotes Ordensband (*Catocala nupta*) in 6-7 Meter Höhe entdecken. Trotz des schlechten Lichtes konnte ich mit langer Brennweite und Blitzlicht dennoch zumindest ein Belegfoto schießen. Die Überraschung bei der Bildbearbeitung: neben dem großen Falter saß noch einer, sehr winzig und daher kaum zu sehen geschweige denn zu erkennen.
Mittels der Ausschnittvergrößerung konnte ich trotz der schlechten Auflösung wenigstens die Gattung des Winzlings ermitteln. Es handelt sich um einen Wickler aus der Gattung *Cydia*.
Dies sind nur drei Beispiele für Überraschungen dieser Art. Noch genauer hinschauen – das ist die Erkenntnis, die sich daraus ergibt. Allerdings muss ich zugeben, dass auch Spannung bei der Bildbearbeitung aufkommt, wenn man so etwas entdeckt!

Text und Fotos: Gerwin Bärecke

Zwei weitere bemerkenswerte Insektenfunde

Aufsatz vom 06.06.2021, Homepage NWV

Das Grauhöfer Holz war schon zu meiner Kindheit ein Ort, der prädestiniert für Naturbeobachtungen war - so hatte ich meine erste Begegnung mit einem Hirschkäfer *(Lucanus cervus)* genau dort. Letzteren wird man dort nicht mehr finden, aber beispielsweise einen (sehr viel kleineren) Verwandten aus der Familie der Schröter, zu denen auch der erwähnte Hirschkäfer oder der Balkenschröter *(Dorcus parallelipipedus,* auch Kleiner Hirschkäfer genannt)* gehören.
Die Rede ist vom Kopfhornschröter *(Sinodendron cylindricum),* einem kleineren, nur bis zu 15 mm großen Vertreter der Familie. Der Körper ist deutlich walzenförmig (wiss. Name!), stark glänzend, die Deckflügel (Elytren) haben eine kettenartige Oberflächenstruktur. Das namengebende Horn ist bei den Männchen größer ausgeprägt, auf dem Bild ist ein Weibchen zu sehen.
Die Larven sind polyphag und entwickeln sich in weißfaulem Holz verschiedener Laubhölzer (14 sind bisher im Nahrungsspektrum nachgewiesen). Die Verpuppung erfolgt im Holz, nach drei bis vier Jahren schlüpfen die fertigen Käfer.
Das Verbreitungsgebiet ist sehr groß und umfasst beinahe den gesamten europäischen Kontinent, trotzdem gilt er als selten. Die Rote Liste Käfer für Deutschland stuft ihn als „gefährdet" mit dem Status 3 ein.

Äußerst bemerkenswert ist auch der Fund eines Schmetterlings. Das Waldreben-Fensterfleckchen *(Thyris fenestrella)* vertritt als einzige Art die Familie der Fensterfleckchen in Deutschland.
Interessant ist die Verbreitung. Es galt, dass die Art in Süddeutschland selten ist, in Norddeutschland gar nicht vorkommt. Das Hauptverbreitungsgebiet liegt im südlichen Mitteleuropa. Ausnahmefunde in Norddeutschland (Quelle: Funddaten bei naturgucker.de):

2011 Bodenwerder
2015 Nörten-Hardenberg
2017 Cuxhaven (ohne Fotobeleg)
2020 Einbeck und Göttingen
2021 der aktuelle Fund in der Okeraue (Nähe Umspannwerk b. Propsteiburg)

Sieht man Cuxhaven als „statistischen Ausreißer", wäre also Bodenwerder der bisher nördlichste Fund in Deutschland, gefolgt vom Fund in der Okeraue.
Die Raupen fressen ausschließlich auf Waldrebenarten, vorzugsweise Echte Waldrebe, die Falter fliegen Wasserdost, Liguster und verschiedene Doldenblütler an.
Der Trivialname rührt übrigens von den 4 hellen, leicht durchscheinenden Flecken auf Vorder- und Hinterflügeln her, wobei die Flecken auf den Hinterflügeln sehr viel größer sind.

Noch seltsamer ist der Fund einer Wespenart, die ebenfalls eigentlich hier nicht vorkommen dürfte. Die Gelbe Schornsteinwespe (Odynerus reniformis), eine Verwandte der bei uns heimischen Gemeinen Schornsteinwespe, hat ihr Verbreitungsgebiet weit im Westen im Raum Dortmund/Köln/Trier, in den Niederlanden sowie im südlichen Mitteleuropa. Mir wäre fast die Kaffeetasse aus der Hand gefallen, als die Wespe ausgerechnet auf unserem Balkon landete und aus einem Dübelloch die Brutröhre für ihren Nachwuchs gemacht hat (Ende Juni).
Normalerweise bauen Schornsteinwespen ihre Brutröhren in offenen Steilwänden und versehen sie am Eingang mit einem kleinen, schornsteinähnlichen Gebilde, daher der Name.

Schon mehrfach sind in der Vergangenheit ungewöhnliche Insektenfunde im Landkreis gemacht worden (die GZ berichtete). Auch die beiden aktuellen Spezies lassen wiederum darauf schließen, dass sie vom Klimawandel profitieren und dabei sind, ihr Verbreitungsgebiet in bisher ungeeignete Areale auszudehnen.

Text und Fotos: Gerwin Bärecke

Neues von den Sechsbeinern

Aufsatz vom 25.06.2021, Homepage NWV

Neue Libellenart im Landkreis etabliert sich offensichtlich

Bereits 2020 hatten wir von einer besonderen Beobachtung in einem Feuchtgebiet nahe Goslar berichtet. Erstmals wurde der Spitzenfleck *(Libellula fulva)*, eine seltene Großlibelle, im Landkreis nachgewiesen. Anfang Juni diesen Jahres meldet nun unser Vereinsmitglied Ursula Specht weitere Nachweise dieser Spezies. Zur rechten Zeit am rechten Ort, konnte sie 2 Männchen von *L. fulva* nachweisen, fast exakt an der Stelle des Erstnachweises vom letzten Jahr.

Der erneute Nachweis lässt den vorsichtigen Schluss zu, dass sich dort gerade eine Population dieses Kleinods stabilisiert – eine erfreuliche Entwicklung!

Die Männchen dieser Libelle ähneln im Habitus jenen des Großen Blaupfeiles. Feldmerkmale sind die schwarzen Flügelspitzen, die allerdings auch schwach ausgeprägt sein oder sogar fast ganz fehlen können.

Neuigkeiten auch von den Käfern

Ein Schnellkäfer, ein Bockkäfer und ein Rüsselkäfer – so die Bilanz der Ende Mai/Anfang Juni neu entdeckten Arten mit einem Rote Liste-Status.

Rotflügeliger Hakenhals-Schnellkäfer ist der etwas sperrige Trivialname eines Schnellkäfers, bei dem es deutlich einfacher ist, sich den wissenschaftlichen Namen zu merken: *Denticollis rubens*. Er steht mit dem Status 2 in der Roten Liste, ist also stark gefährdet. Ein Blick auf die Funddaten- und Verbreitungskarte zeigt, dass in Norddeutschland bisher nur ganz wenige Exemplare gefunden wurden (blaue Quadrate, in Niedersachsen 6 Funde). Anhand der gelben Punkte (Verbreitung) erkennt man den Verbreitungsschwerpunkt deutlich Richtung Südwesten. Gefunden im NSG Vienenburger Teiche.

Rotflügeliger Hakenhals-
Schnellkäfer (Denticollis
rubens

Kleiner Eichenbock (Cerambyx
scopolii)

81

Ebenfalls im NSG Vienenburger Teiche fand ich den **Kleinen Eichenbock** *(Cerambyx scopolii)*. Auch bei diesem Käfer haben wir eine signifikante Abnahme der Funde von Süd nach Nord (s. Funddaten- und Verbreitungskarte).

Man findet ihn meist im Juni und Juli auf blühenden Sträuchern, an sonnigen Waldrändern oder an Obstbäumen. Er bevorzugt vor allem Holunder, Hartriegel, Weißdorn, Doldenblütlern und Rosen.

Die Larven sind polyphag und leben vor allem in armdicken Ästen von Laubbäumen. Sie entwickeln sich zunächst unter der Rinde von verschiedenen Laubbäumen (z. B. Eichen, Rotbuchen, Ulmen, Walnuss, Pflaumen und anderen Obstbäumen), später gehen sie ins Holz. Sie können eine Länge von 50 Millimetern erreichen. Die Entwicklung dauert zwei Jahre, bevor sie sich im Spätherbst in einer Kammer verpuppen. Der fertige Käfer schlüpft dann im Mai. Sein RL-Status ist 3, gefährdet.

Im NSG Langenberg zwischen Bad Harzburg und Göttingerode war der **Gelbschuppige Eichelbohrer** *(Curculio pellitus)* zu finden. Alle anderen Käferarten seiner Gattung sind nicht gefährdet, C. pellitus hat den RL-Status 3. Über seine Lebensweise ist wenig bekannt, das gefundene Exemplar saß auf dem Blatt eines Feldahorns. Die Fundorte in Deutschland sind spärlich, aber in der Verbreitung recht gleichmäßig. Der Verbreitungsschwerpunkt der Art ist Mitteleuropa, nach Süden und Norden gibt es eine deutliche Abnahme.

Last not least: Eine Schwebfliege

Das letzte Insekt ist zwar sehr selten, hat aber meines Wissens keinen Rote Liste-Status. Es ist die **Schmale Hummelschwebfliege** *(Criorhina asilica)*. Die Fundorte in Deutschland liegen alle in einem schmalen Streifen zwischen Essen und Leipzig. Niedersachsen weist 2 Funde in der Nähe von Göttingen und eben diesen am Sudmerberg aus. Die Artverbreitung, die jeweils auch aus älteren Funden ermittelt wird, zeigt ebenfalls nur ein schmales Gebiet im westlichen Mitteleuropa.

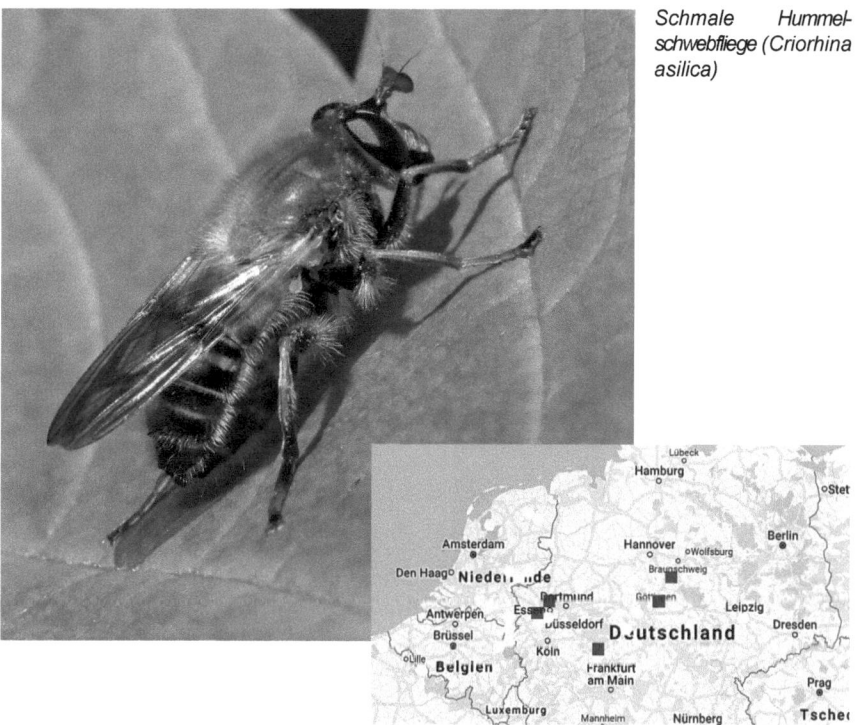

Schmale Hummelschwebfliege (Criorhina asilica)

Text: Gerwin Bärecke
Fotos: Ursula Specht, Gerwin Bärecke

Buchbesprechung: Die Libellenarten im Landkreis Goslar

Band 13 der Schriftenreihe „Mitteilungen des Naturwissenschaftlichen Vereins Goslar e. V.

Wolfgang & Ursula Specht, Die Libellenarten im Landkreis Goslar
580 Seiten, Softcover, Fadenheftung, Goslar 2019
Herausgeber: Vorstand des Naturwissenschaftlichen Vereins Goslar e. V.
ISSN 0176-2524
Preis: 15,00 € zuzügl. Versandkosten, Bestellung bei:
wol.specht(at)t-online.de

Um was es geht: Der Inhalt

Mit seiner Arbeit stellt das Autorenehepaar Specht die Libellenarten, deren Lebensräume sowie Lebensweisen im Landkreis Goslar dar. Vorgestellt werden 63 Arten, 22 Klein- und 41 Großlibellen. Die Arbeit geht allerdings weit über eine schlichte Auflistung der Funde hinaus. So findet man beispielsweise in der detaillierten Über-

Ursula Specht, Jahrgang 1949
Verwaltungsangestellte
Diplom-Sozialwissenschaftlerin
Praxis für Beratung und Supervision
Rentnerin
Mitarbeit bei diversen Kartierungen und Berichten zur Libellenfauna

Wolfgang Specht, Jahrgang 1948
Chemiearbeiter
Verwaltungsangestellter
Realschullehrer im Ruhestand
diverse Kartierungen und Berichte zur Libellenfauna
Publ.: Zur Libellenfauna im Diabas-Steinbruch Wolfshagen (2010)

sicht des Untersuchungsgebietes auch Daten zur Wasserchemie, so z. B. pH- und Elektrolytwerte sowie deren Höhenverteilung. Die Angaben zur vertikalen Verbreitung finden sich neben Flugzeitdiagrammen und Verbreitungskarten in jeder einzelnen Artbeschreibung wieder; eine Notwendigkeit, die sich aus der besonderen Lage des Landkreises Goslar am und im Harz ergibt. Immerhin geht es um einen Höhenunterschied von fast 900 Metern, der natürlich auch für Libellenarten relevant ist. Die schiere Seitenzahl des Buches mag einen Anhalt geben, wieviel Information hier zusammengefasst wurde. Immerhin wurden mehr als 24.000 Datensätze aus den Jahren 1892 bis 2016 ausgewertet, davon fast 90 % aus den Jahren 2007 bis zum Redaktionsschluss am 31.12.2016.

Eine Annäherung - mit Respekt

Um die Wissenschaft wäre es schlecht bestellt, gäbe es nicht Menschen auch außerhalb der Elfenbeintürme, die sich wissenschaftlicher Themen annehmen und diese, auch formal, bis in die letzte Konsequenz aufarbeiten. Ich hatte das Glück, zwei solcher Menschen kennen zu lernen und ein winziges Stück auf jenem Weg zu begleiten, der letztlich zu dem Ergebnis geführt hat, über das ich hier schreibe. Wie nähert man sich dem Thema Rezension eines Buches, wenn man bereits im Vorfeld den Autoren den höchsten Respekt zollt? Das Ehepaar Ursula und Wolfgang Specht ist mir seit vielen Jahren bekannt und für mich von Beginn an ein Musterbeispiel für jene Spezies gewesen, die seit einiger Zeit Bürgerwissenschaftler oder auf Neudeutsch Citizen Scientists genannt wird. Im Rahmen ihrer Mitarbeit am Libellenbuch des Nationalparks Harz (Nationalparkverwaltung Harz (Hrsg.) (2014): Die Libellen des Nationalparks Harz. Schriftenreihe aus dem Nationalpark Harz, Band 11, 212 Seiten) hatte ich die beiden Autoren in einem Filmbericht für das Regionalfernsehen interviewt und dabei einen Einblick in ihre Motivation und Arbeitsweise erhalten.
Das führt zu der Frage, ob ich, offensichtlich voreingenommen, das Werk der beiden Autoren überhaupt rezensieren darf. Eine wissenschaftliche Redaktion würde mich als Rezensenten wahrscheinlich allein aus diesem Grunde ablehnen. Eine Rezension soll sich ja bekanntlich kritisch mit der behandelten Medieneinheit auseinandersetzen – was bei mir sicher sofort bezweifelt würde.
Andererseits sind die beiden Citizen Scientists, und das wirft ein etwas anderes Licht auf die Szene. Während in der strengen wissenschaftlichen Kommunikation Personen als Subjektives ausgeschlossen sind und lediglich deren Umwelt angehören, darf aus meiner Sicht in diesem Falle zwischen Wissenschaft und ihrer Umwelt eine Art Vermittlung stattfinden. Die Arbeiten von Citizen Scientists sind m. E. ohne Betrachtung der Personen nicht zu würdigen. Das ist letztlich auch der Grund für den „feuilletonistischen" Stil meiner Besprechung.

Wer zählt die Stunden, zählt die Tage...

Dass Bürgerwissenschaftler ehrenamtlich arbeiten, ist eine Binsenweisheit. Dass ihre Arbeit nichts kostet, ist falsch. Ursula und Wolfgang Specht haben mehr als

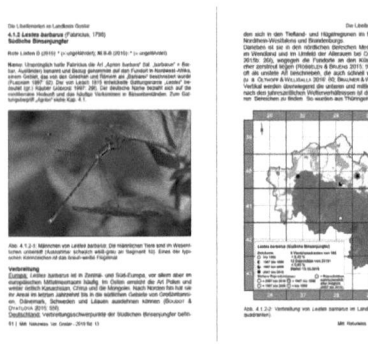

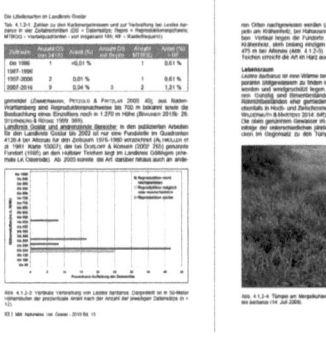

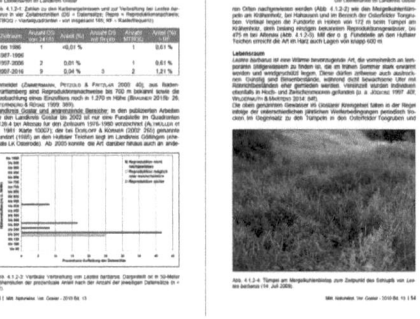

Als Beispiel für den Inhalt, das Layout und die Fülle der Informationen, die das Buch bietet, habe ich die Artbeschreibung für die Südliche Binsenjungfer (Lestes barbarus) herausgegriffen. Der Text ist zwar hier nicht lesbar, aber allein die Zahl von 8 Seiten für eine einzige Art zeugt von der Fülle der Informationen:

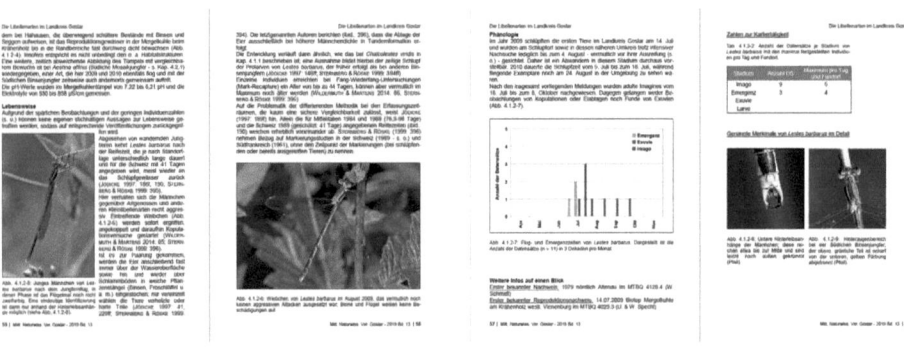

10 Jahre an diesem Projekt gearbeitet und ihre Freizeit komplett in den Dienst der Sache gestellt. Die Freizeit kostet nichts, aber wenn man die Libellenfauna eines ganzen Landkreises über einen so langen Zeitraum bearbeitet, fallen sogar erhebliche Kosten an. Die tragen Bürgerwissenschaftler allgemein und die Spechts im Besonderen selbst – wobei sie keineswegs selbst darüber reden! Das ist eine Seite des Engagements.

Die andere Seite, und die ist es, der eigentlich Respekt gezollt werden muss, ist das in 10 Jahren nie nachlassende Engagement, ein Ziel zu erreichen und dafür zu arbeiten. Welche Leidenschaft, welcher Enthusiasmus, welche Beharrlichkeit und – ja, auch welche Leidensfähigkeit dazu gehört, auf dem Weg zum Ziel nicht irgendwann alles hinzuwerfen, können Außenstehende nur ansatzweise ahnen.

Andererseits muss die Emotion überwältigend sein, wenn schließlich nach einem so langen Zeitraum das erste druckfrische Exemplar auf dem Tisch liegt! Dies ist sicherlich etwas, was auch Unbeteiligte nachvollziehen können – das Ergebnis einer zehnjährigen Tätigkeit endlich in den Händen zu haben. Ich beneide die beiden darum!

Um Missverständnissen vorzubeugen: Bürgerwissenschaftler oder Citizen Scientist zu sein, sagt nichts darüber aus, welche Kenntnisse vorhanden sind. Da es in

den meisten Fällen, wie hier, um lokale Spezialisierungen geht, sind diese Spezial-
kenntnisse denen von professionellen Wissenschaftlern meist sogar überlegen.

Ein (ge)wichtiges Werk - in doppeltem Sinn!

Die Schriftenreihe des Naturwissenschaftlichen Vereins Goslar ist bekannt für in-
haltlich und formell hochwertige Veröffentlichungen. Insofern reiht sich das Werk
des Autorenehepaars nahtlos ein.
Vorweg sei jedoch bemerkt, was das Buch trotz Hunderter Farbbilder nicht ist: ein
Bestimmungsbuch. Dafür gibt es genügend andere gute Literatur. Allerdings sind
die detaillierten Artbeschreibungen eine hervorragende Ergänzung für jedes Bestimmungsbuch, zumindest für die 63 behandelten Arten. Allein die ganz konkreten
Angaben zu den jeweiligen Fundorten sind zwangsläufig aussagekräftiger als sie
in jedwedem Bestimmungsbuch sein können, weil in letzteren lediglich pauschale
Angaben gemacht werden können.
Ich erwähnte weiter oben bereits den Umfang von 580 Seiten, es würde an dieser
Stelle daher zu weit führen, den Inhalt detaillierter zu beschreiben. Allein das In-
haltsverzeichnis umfasst 4 Seiten, zu jeder Art gibt es neben ausführlichen Texten
eine Verbreitungskarte für den Landkreis, ein Phänogramm sowie ein Diagramm
über die vertikale Verbreitung der jeweiligen Art. Ausführliche Angaben zur Kartier-
tätigkeit sowie auch zur Methodik sind selbstverständlich. Und – sowohl Wertigkeit
und Haptik stimmen, die Fadenheftung erleichtert das Handling.
Das Buch ist aus meiner Sicht zumindest für den Landkreis als Standardwerk zu
bezeichnen. Das Eingehen der Autoren auf Fragestellungen und Anregungen aus
dem Kreis von Libellenfreunden heben das Buch allerdings in seiner Bedeutung
über den lokalen Bereich weit hinaus.
Ganz besondere Bedeutung gewinnt das Werk aus meiner Sicht im Lichte von
Artenschwund und Klimawandel. Ganz davon abgesehen, dass hier auch Altdaten
mit ausgewertet wurden, ist es eine gewichtige Basis für zukünftige Forschungen
im Untersuchungsgebiet, mittels derer Veränderungen der Artenstruktur und auch
Individuenzahlen möglich werden. Man muss es nur nutzen.

Fazit

Auch auf die Gefahr hin, missverstanden zu werden (s. o.): es gibt nichts zu kriti-
sieren. Aus meiner Sicht gehört das Buch in die Hände eines jeden, der sich auch
nur ansatzweise für Libellen interessiert. Vielleicht kann es auch als Vorbild für
ähnliche Unternehmungen in anderen lokalen Bereichen dienen. Das wäre wün-
schenswert.

Goslar, im Juli 2019
Gerwin Bärecke

Buchbesprechung: Die Natur im Remstal

Dr. Rainer Ertel, Carolin Zimmermann: Die Natur im Remstal
259 Seiten, Hardcover, Remseck 2019
Fauna-Verlag, Dr. Matthias Schliermann,
www.faunaverlag.de
ISBN 978-3-935980-15-7

Überraschung und Respekt

Als ich das Buch zum ersten Mal in die Hand nahm, war ich überrascht vom Umfang und von der Qualität des Druckes und der buchbinderischen Verarbeitung. Nachdem ich mich nun ausgiebig mit dem Inhalt beschäftigt habe, hat sich die anfängliche Überraschung in Respekt, ja sogar Hochachtung gewandelt. Man kann vor dem Autorenteam und auch dem Verlag nur den Hut ziehen!

Bilder, Bilder, Bilder...

Das Vorwort der Autoren beginnt mit dem Satz „Dieses Buch soll Spaß machen." Meine Meinung dazu: Das tut es, und zwar von der ersten bis zur letzten Seite. Nicht nur Druck und Verarbeitung, sondern gerade auch die Gestaltung und die übersichtliche Gliederung des Inhaltes sprechen an. Die Bildauswahl und die Illustrationen geben den letzten Schliff. Neben dem Autorenteam haben 47 weitere Fotografen Bilder beigesteuert – alle Fotos aus der ersten Garnitur! Da ist allein das Betrachten der Bilder ein Vergnügen für sich – von Carolin Zimmermanns Illustrationen ganz zu schweigen. Davon hätten es gerne ein paar mehr sein dürfen.

Satirisch stark übertrieben - aber besser kann man es wohl ohne erhobenen Zeigefinger nicht auf den Punkt bringen. Allerdings bleibt bei längerer Betrachtung das Lachen im Hals stecken...

Der Inhalt

Das waren die Äußerlichkeiten, nun zum Inhalt. Es ist, und das räumen die Autoren selbst ein, mehr als mutig, ein solches Werk anzugehen. Umso mehr ist ihnen Respekt zu zollen. Oberflächlich betrachtet haben sie sich in ihrer heimatlichen Umgebung umgeschaut und zusammengetragen, was ihnen begegnet ist. Es steckt aber weit mehr darin. In Niedersachsen gibt es die sogenannten „Integrierten ländlichen Entwicklungskonzepte" (ILEK), in denen Projekte gefördert werden, die den Einwohnern ihre heimatliche Umgebung näherbringen und die zu mehr Akzeptanz beitragen. Genau das macht das Buch für das Remstal – ein Aspekt, der gar nicht genug gewichtet werden kann.

Selbstredend können in einem solchen Buch nicht alle Tier-, Pflanzen- oder Pilzarten der Region aufgeführt werden. So mussten die Autoren eine Auswahl treffen (allein das dürfte schwer genug gewesen sein), aber die ist gelungen. Sie gibt einen Überblick über die wichtigsten Vertreter der drei Naturreiche Tiere, Pflanzen und Pilze, die im Remstal zu finden sind. Gleichzeitig aber wird die Neugier geweckt, sich draußen umzusehen und sich so ein tieferes Verständnis und speziellere Kenntnisse über eigene Beobachtungen und weiterführende Literatur zu erschließen.

Es sei allerdings auch nicht verschwiegen, dass es allein schon Jahre dauern kann, nur die im Buch abgebildeten Familien, Gattungen und Arten auch draußen zu finden - auch in einem so „begrenzten" Gebiet wie dem Remstal. Hilfreich sind dabei die jeweiligen Beschreibungen, die auch die typischen Lebensweisen wie Nahrungspflanzen,

Nur zwei Beispielseiten, die zeigen, wie sorgfältig und allgemeinverständlich die Informationen aufbereitet wurden. Am Rande vermerkt: Die sechs Bilder stammen von sechs verschiedenen Fotografen!

Was sind Ampbibien?

Amphibien sind Wirbeltiere, die zur Fortpflanzung auf Gewässer angewiesen sind. Man unterteilt sie in Froschlurche, das sind Frösche, Kröten und Unken sowie in Schwanzlurche, das sind Molche und Salamander.

Schwanzlurche haben zwei Paare gleich langer Beine, mit denen sie sich laufend und im Wasser durch schlängelndes Schwimmen fortbewegen. Bei den Froschlurchen sind die Hinterbeine zu hoch effizienten Sprungapparaten entwickelt und meist deutlich länger als die Vorderbeine.

Die Atmung erfolgt im Larvenstadium über Kiemen und über die Haut. Bei erwachsenen Tieren dann über Lungen oder über die Haut. Ihre nackte, drüsenreiche Haut bietet den Amphibien nur begrenzten Verdunstungsschutz. Sie sind vor allem bei hoher Luftfeuchtigkeit, bei Regen oder nachts unterwegs.

Lebensweise

Die meisten Amphibien verbringen einen Großteil ihres Erwachsenenlebens an Land und suchen nur zum Ablaichen Gewässer auf. In der Regel liegen diese in der näheren Umgebung und sind die Gewässer, in denen sie selbst geschlüpft sind. Manche Amphibien legen hingegen weite Distanzen zurück und besiedeln als Pionierarten neue Habitate.

Den Tag verbringen landlebende Amphibien versteckt unter Steinen, Wurzeln und in Erdlöchern. In der Dämmerung und bei kühler, feuchter Witterung verlassen diese, um zu jagen. Es gibt jedoch auch Amphibien, die das Wasser kaum verlassen. Vor allem der Seefrosch hält sich immer in unmittelbarer Nähe seines Gewässers auf.

Amphibien tragen, wie Vögel, verschiedene „Kleider". Vor allem bei Molchen ist die sogenannte Landtracht meist unscheinbarer als die bunte Balzfärbung.

Die Amphibienhaut wächst nicht mit. Von Zeit zu Zeit wird die oberste, abgestorbene Hautschicht in Fetzen oder als Ganzes abgestoßen.

Amphibien sind von der Außentemperatur abhängig. In unseren Breiten halten sie darum eine Winterruhe in frostsicheren Quartieren. In den ersten warmen Frühlingsnächten erwachen sie und wandern zu ihren Laichgewässern.

Fortpflanzung

Der Laich, also die Eier der Amphibien, werden in Ballen, Laichschnüren, in Gruppen oder einzeln, frei schwimmend abgelegt, oder an Wasserpflanzen geheftet.

Bei Froschlurchen findet eine äußere Besamung statt. Das Männchen umklammert die Partnerin und ergießt seine Spermien über die Laichballen, welche vom Weibchen abgegeben werden. Die Embryonen in den Eiern von Froschlurchen weisen Außenkiemen auf. Beim Schlupf sind die Kaulquappen bereits im Innenkiemenstadium. Sie haben dann die typischen spermienähnlich wirkenden, ovalen Vorderkörper mit dem langen Schwanz.

Bei Froschlurchlarven entwickeln zuerst immer die Hinterbeine. Da der lange Schwanz der Kaulquappen beim Hüpfen an Land eher stören würde, wird er zurückgebildet. Die wertvollen Eiweiße der Schwanzmuskulatur werden an anderer Stelle der Entwicklung verwendet. Amphibien in der Umwandlung von der Larve bis zum erwachsenen Tier, der sogenannten Metamorphose, nennt man Metamorphlinge. Wenn die fertig entwickelte Larve nach warmen Sommerregen oft zu tausenden, ihr Geburtsgewässer verlassen, spricht man im Volksmund von „Froschregen".

Bei den Schwanzlurchen findet eine innere Befruchtung statt. Die Männchen setzen Spermienpakete ab, welche von den Weibchen mit der Kloake aufgenommen werden. Der Laich wird ohne weitere Mitwirkung der Männchen vom Weibchen an Wasserpflanzen abgelegt.

Bei den Molchen entwickeln sich anders als bei den Froschlurchen zuerst die Vorderbeine der Larven. Auch die fransigen Außenkiemen der langen Larven fallen ins Auge. Feuersalamander gebären vollständig entwickelte, lebende Junge, welche sie direkt ins Wasser absetzen.

Grünfrosch-Metamorphling

cz Fast „fertiger" Grünfrosch

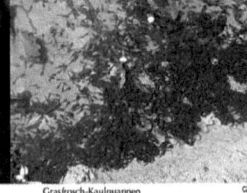

cz Grasfrosch-Kaulquappen

cz Lebendgebärender Feuersalamander

bevorzugte Lebensräume wie Wald- oder Wiesenlebensraum, Feuchtgebiet oder Trockenrasen beinhalten. All das übrigens auch noch abgesichert durch eine fundierte Fachberatung von Wissenschaftlern.

Die Kapitel der verschiedenen Klassen und Ordnungen werden jeweils eingeleitet mit der Frage „Was sind...?", so. z. B. Spinnentiere, Amphibien, Insekten und viele andere. Hier werden die jeweiligen Charakteristika und Besonderheiten allgemeinverständlich erläutert.

In einer Zeit, in der viele Menschen den Bezug zur Natur fast völlig verloren haben und in der Artenkenntnisse so gut wie gar nicht mehr vorhanden sind, ganz wichtig.

NEULICH BEI DER PARTNERBÖRSE DES WOOD WIDE WEB

Ich habe für diese Buchbesprechung die die Doppelseite mit der Einleitung des Amphibien-Kapitels ausgewählt. Man bekommt die wichtigsten allgemeinen Informationen über die Klasse der Amphibien, also im Prinzip das, was für alle Gattungen und Arten zutrifft. So ausgerüstet kann man sich mit den Arten auseinandersetzen.

Aus meiner Sicht genial ist die Illustration von Carolin Zimmermann auf der Einführungsseite zum Pilzkapitel (Bild nebenstehend). So etwas muss einem erst einmal einfallen!

90

Intentionen

Ebenso gewichtig ist die Intention des Buches, den Menschen **vor Ort** die natürliche Vielfalt und den Artenreichtum in ihrem ganz eigenen Lebensumfeld zu zeigen. Es gibt ja den schon beinahe zum Klischee mutierten Spruch: „Man kann nur schützen, was man kennt". Es ist aber leider kein Klischee, sondern in einer Welt, in der (nicht alle) Kinder an lila Kühe glauben, bittere Wirklichkeit. Auch hier leistet das Buch einen gewichtigen Beitrag. Und da wir schon bei Kindern sind: Natürlich haben die Autoren bei der Konzeption des Buches auch Kinder und Jugendliche nicht vergessen. Auch und gerade hierbei spielt das, was ich im vorigen Abschnitt über Neugier schrieb, eine immens wichtige Rolle.

Ich zitiere mich an dieser Stelle einmal selbst: „Wie soll jemand, der gar nicht weiß, wie Vielfalt wirklich aussieht, sich auch nur ansatzweise für deren Schutz, Erhalt oder gar das Zurückholen derselben in Form von Renaturierung engagieren? Was schert es einen jungen Menschen, der in einer beliebigen Großstadt aufgewachsen ist, ob es irgendwo noch einen Bergmolch gibt oder eine Zweigestreifte Quelljungfer? Der nie in seinem Leben „getümpelt" oder einer Libelle beim Schlupf zugesehen oder einen Weißstorch klappern gehört hat?"

Ich denke, alles, was dazu noch gesagt werden muss, ist: Her mit mehr Büchern dieser Art und machen wir sie zur Pflichtlektüre!

Naturgucker macht´s möglich!

Ich zitiere: „Ohne Recherche und Abruf von Daten auf www.naturgucker.de wäre dieses Buch nur schwer zu verwirklichen gewesen. Viele der Fotolieferanten und Helfer unseres Werks sind „Naturgucker"."

Hier haben wir einen Hinweis auf eine Datenquelle, mit der zu beschäftigen sich lohnt. Dabei ist es gleichgültig, ob man das als Gelegenheitsgucker oder enthusiastisch mit großem Engagement tut. Selbst wenn man mit den „großen Zielen" von naturgucker.de (die gibt es natürlich) wenig anfangen kann, so hat man als interessierter Laie eine wunderbare Einstiegsmöglichkeit in die Naturbeobachtung. Kleiner Tipp: Ich selbst nutze die Plattform seit vielen Jahren als Datenbank für meine unmittelbare Umgebung. Das hat sich bei Naturschutzprojekten oder Eingriffen inzwischen mehrfach als außerordentlich nützlich erwiesen.

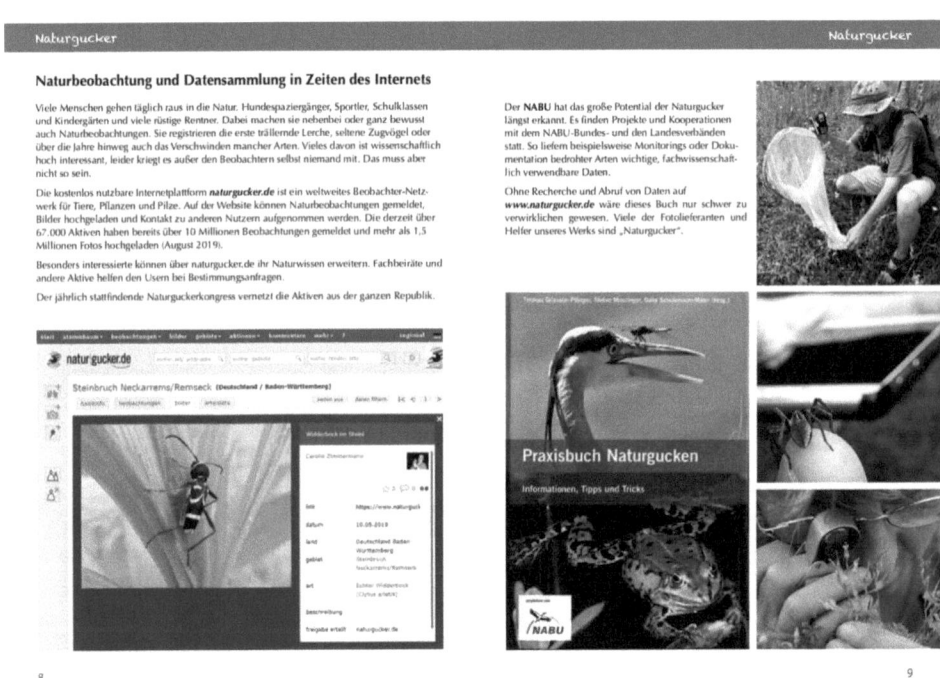

Die Plattform www.naturgucker.de ist mittlerweile für viele Naturinteressierte zum unentbehrlichen Begleiter geworden. Ich selbst habe in den letzten 9 Jahren mehr gelernt als in den 20 Jahren davor!

Nicht nur regional...

Dass Autoren und Verlag die Form eines Naturführers gewählt haben, hebt das Werk jedoch weit über die regionale Bedeutung hinaus und macht es für jeden Menschen interessant, auch wenn sie oder er nicht im Remstal zuhause ist.

Last not least ist es für jeden unentbehrlich, der selbst schon mit dem Gedanken gespielt hat, die Natur seiner heimatlichen Umgebung in irgendeiner Form darzustellen und anderen Menschen zugänglich zu machen. Die hier gewählte Form ist denkbar geeignet für diesen Zweck – ist sie doch in Fülle und Darreichungsform

eine gelungene Mischung aus Naturführer, Anregung für eigene Entdeckungen, praktischen Naturschutz und ein Stück weit Heimatpflege. In einer Zeit, in der die Natur zusehends den Bach herunter geht, auch noch eine bittere Notwendigkeit. In diesem Zusammenhang halte ich es für eine geniale Idee, in diesem doch hauptsächlich als Naturführer konzipierten Buch das Remstal insgesamt und vor allem auch die Gemeinden in einem eigenen Kapitel zu integrieren.
Und um den Bogen zum Anfang zu schlagen: Spaß macht es auch noch!

Gemeinden im Remstal

Gemeinden im Remstal

Mögglingen

Im nördlichen Teil der Mögglinger Gemarkung liegt hoch über dem Remstal der Wald **Grubenholz**. Die alten Mögglinger mieden den Wald. Ging hier doch der Grubenholzmann um, welcher, so der Volksglaube, Holzsammlern ihre Last erschwerte und ihnen neckische Streiche spielte. Heute können Wanderer vom Parkplatz aus, begleitet vom Gesang der **Feldlerche** und zahlloser **Feldgrillen** über Wiesen voller **Margeriten, Kuckuckslichtnelken** und **Großem Wiesenknopf** zum neuen Aussichtsturm wandern. Dieser bietet herrliche Ausblicke auf das Remstal und die drei **Kaiserberge Hohenstaufen, Stuifen** und **Rechberg**.
Im Wald zieht sich der **Limeswanderweg** entlang des noch heute gut sichtbaren Schuttwalles schnurgerade zum **Kolbenberg** hin. Tafeln informieren über die nach 1.800 Jahren längst verfallenen, hölzernen Wachtürme der **Teufelsmauer** und das keltische **Grabhügelfeld** aus der Hallstattzeit.

Böbingen

Der kleine Ort Böbingen erstreckt sich beiderseits der Rems und gehört mit seinem *Römerkastell* seit 2005 zum UNESCO *Weltkulturerbe Limes*.

Südlich von Böbingen erhebt sich in vorgeschobener Lage am Nordrand des *Albbuchs* die *Rosenstein* mit seinen weiß leuchtenden Jurafelsen. Er bildet mit seiner Burgruine hoch über dem Städtchen *Heubach* den *Albtrauf* über dem Remstal. Von den über 35 Höhlen des *Rosensteins* sind *Kleine* und *Große Scheuer, Haus* und *Finsteres Loch* die bekanntesten. Neben diesen steinzeitlichen Fundstätten durchziehen zahllose antike Wallanlagen und durch historischen Viehtrieb entstandene Hohlwege das mit Buchenmischwald bestandene Bergplateau.

Uhu, Wanderfalke und **Kolkrabe** sind Brutvögel der Jurafelsen. **Erdkröte, Grasfrosch** und **Feuersalamander** laichen in den Gewässern. Auf den besonnten Felsköpfen wachsen u.a. **Berg-Lauch, Ästige Graslilie, Hirsch-Haarstrang, Küchenschelle, Kleine Wiesenraute** und das seltene **Berg-Laserkraut**. Im Wald **Rundblättriges Hasenohr**. Im Frühjahr blüht das **Leberblümchen** im Buchenwald.

Ästige Graslilie

Wiesenknopf · (?) Rotmilan · (?) Gartenkreuzspinne · (?) Große Schwan · (?) Kolkrabe · (?) Leberblümchen (?)

232

233

Das ist es, was dem Buch eine besondere Bedeutung verleiht und ein Stück weit in Richtung Heimatpflege geht: Die Verbindung des eigentlichen Inhaltes mit den unmittelbaren Lebensumständen der Menschen. Der Gebrauch des Wortes „Heimat" ist ja schon fast verpönt, ich benutze es hier trotzdem.

Goslar, im Dezember 2019
Gerwin Bärecke

Aufsatz vom 08.05.2020

Vierundsechzig ...

... Libellenarten gibt es im Landkreis Goslar, und zwar seit dem 6. Mai 2020. Im Buch von Ursula und Wolfgang Specht (Band 13 der Schriftenreihe „Mitteilungen des Naturwissenschaftlichen Vereins Goslar e. V.", Die Libellenarten im Landkreis Goslar, Goslar 2019, Herausgeber: Vorstand des Naturwissenschaftlichen Vereins Goslar e. V., ISSN 0176-2524) mit Redaktionsschluss Ende 2018 waren es noch 63 Arten.

Das hat sich seit dem eingangs genannten Datum geändert; eine weitere Art kann nun hinzugezählt werden. In der Mittagszeit des 6. Mai fiel mir bei einem Spaziergang in einem Feuchtgebiet nahe Goslar zwischen vielen Falkenlibellen eine auf, die nicht zum Habitus der Falkenlibellen passen wollte. Farben konnte ich zunächst nicht erkennen, sie setzte sich aber bald auf einen Zweig. Schon beim Fotografieren erkannte ich, dass es sich um einen Spitzenfleck (Libellula fulva) handeln musste. Abgesehen von zwei Verdachtsfällen (ohne Beleg) gab es keinen Hinweis auf ein Vorkommen dieser Libelle im Landkreis Goslar.

Um nicht vorschnell zu handeln, sandte ich den beiden Spezialisten Ursula und Wolfgang Specht ein Belegbild. Die (begeisterte) Antwort ließ nicht lange auf sich warten: Es war ein Männchen, anhand der Knitterstruktur in den Flügeln wahrscheinlich gerade erst geschlüpft.

Am nächsten Tag (07.05.) waren die beiden selbst vor Ort und setzten dem Fund die Krone auf. Sie fanden nämlich ein Weibchen von Libellula fulva, allem Anschein nach ebenfalls frisch geschlüpft. Am 08.05. konnte Ursula Specht ein weiteres Weibchen fotografieren, der Vergleich mit den Fotos vom Vortage ergab, dass es nicht dasselbe Weibchen war. Somit sind nunmehr drei Tiere dieser Libellenart bestätigt. Ohne Übertreibung könnte man beinahe eine sich etablierende Population vermuten.

Bericht: Gerwin Bärecke
Fotos: Ursula Specht, Gerwin Bärecke

Der Erstnachweis des Spitzenflecks (oben) von Gerwin Bärecke, unten die Bestätigung einen Tag später von Ursula Specht.

Seltene Krabbel- und Flattertiere, Neu- und Wiederfunde in Oker und Umgebung

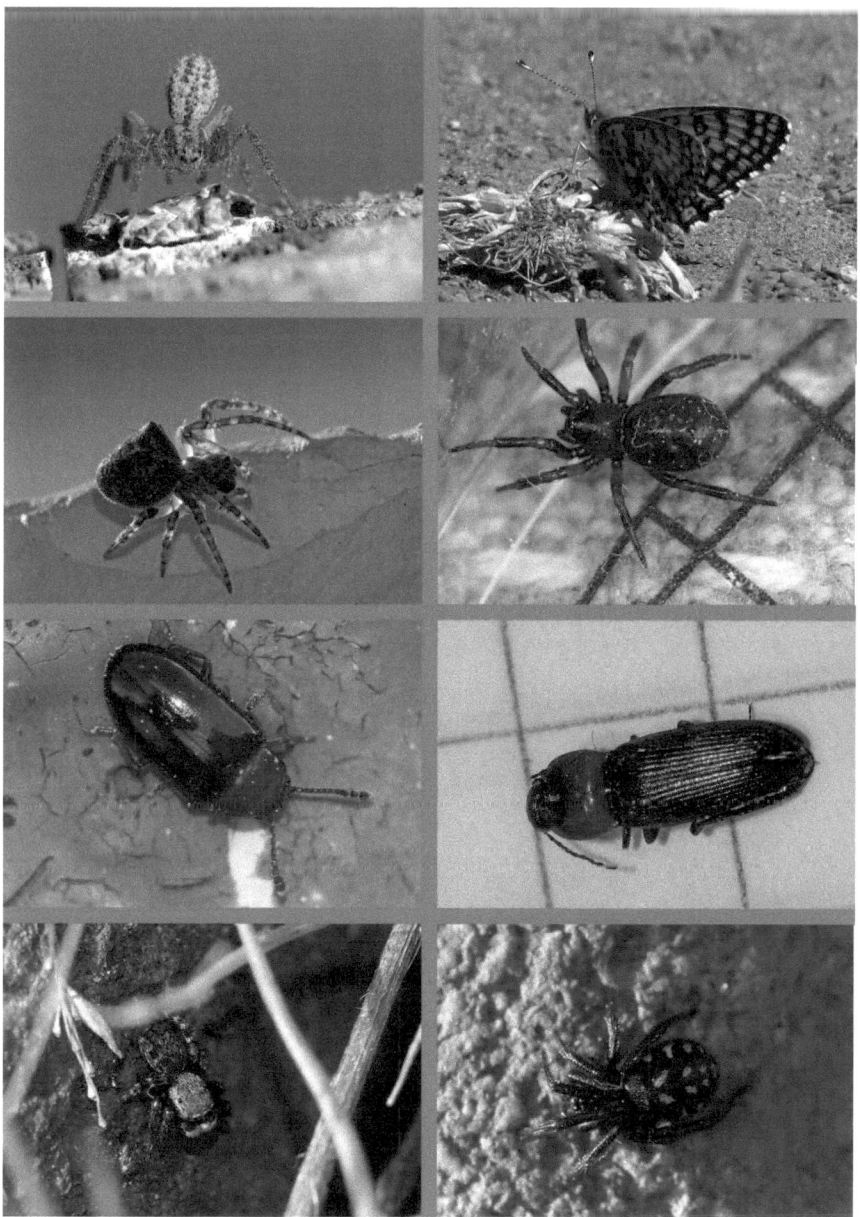

Zusammenfassung neuer Funde seltener Arthropoden, hier: Stadtteil Oker

Im Rahmen der Kartierung von Arthropoden kommt immer wieder Überraschendes zu Tage. Die seit über einem Jahr herrschende Pandemie zwang zu einer verstärkten Konzentration der Exkursionen auf die heimische Umgebung, in diesem Falle Oker und die unmittelbar angrenzenden Gebiete. Dabei sind einmal mehr von Natur aus seltene oder durch anthropogenen Einfluss selten gewordene Tiere vor die Kamera geraten. Unabhängig von den Ursachen der Seltenheit haben sie alle einen Status in den berüchtigten Roten Listen.

Beginnen wir mit den Insekten. In der Festschrift zum 125-jährigen Jubiläum des Naturwissenschftlichen Vereins Goslar e. V. von 1977 hat Waldemar Max über die Tagfalter berichtet. Seinerzeit konnte er den **Wegerich-Scheckenfalter** *(Melitaea cinxia)* noch als im Raum Goslar vorkommend, aber sehr selten bezeichnen.
Über weitere Beobachtungen des Falters in den Jahren seither ist trotz intensiver Recherchen nichts weiter bekannt. Insofern gehe ich davon aus, dass dies der erste Fund im Gebiet seit mehr als 40 Jahren ist.
Interessanterweise war seinerzeit einer der Fundorte der Sudmerberg. Genau dort, in der Nähe der Mehrzweckhalle, konnte ich ihn im letzten Jahr wieder beobachten, leider nur ein Exemplar mit einem beschädigten Hinterflügel. Es gelang auch lediglich ein Belegbild. Allerdings fand ich später auch eine einzelne Raupe, vermutlich L 4, an Spitzwegerich. **RL 1**

Der Falter mit beschädigtem Hinterflügel ruht auf dem Feldweg, der von der Mehrzweckhalle aus auf den Sudmerberg führt. Ganz in der Nähe fand ich einige Zeit später die Raupe auf seiner bevorzugten Nahrungspflanze, dem Spitzwegerich.

Man sieht deutlich die Schwerpunkte der Verbreitung im Nordosten und Südwesten Deutschlands. Das Quadrat mit dem Kreis ist der Fund am Sudmerberg.

Ein weiterer bemerkenswerter Fund ist ein Käfer. Der **Metallblaue Pilzkäfer** *(Triplax aenea),* ebenfalls am Sudmerberg an einem Weidepfahl gefunden, dürfte hier eigentlich gar nicht vorkommen. Es gibt nur ganz wenige, vorwiegend ältere, Funde in Deutschland, alle liegen in Niedersachsen, Mecklenburg-Vorpommern und 2 in Sachsen-Anhalt. Aus den südlichen Bundesländern gibt es keine Fundmeldungen.

Ich habe auf der Karte die Artverbreitung eingeblendet (gelbe Punkte) sowie die aktuelleren Funde in Niedersachsen und Mecklenburg-Vorpommern (blaue Quadrate). **RL 3**

Der **Rothals-Schnellkäfer** *(Cardiophorus ruficollis)* ist zwar weit verbreitet, gilt aber in Mitteleuropa als gefährdet. Leider konnte ich an der Uferpromenade in Oker lediglich ein totes Exemplar finden. Es gibt 3 weitere, sehr ähnliche Arten der Gattung, die aber habituell unterschieden werden können. **RL 3**

Damit weiter zu den Webspinnen. Ich hatte vor einiger Zeit über einen Grenzfall berichtet, bei dem eine Spinnenart zunächst nicht eindeutig bestimmt werden konnte. Es kamen zwei Arten in Frage, die **Bunte Bodenkugelspinne** *(Asagena phalerata)* sowie die Weißfleckige Fettspinne *(Steatoda albomaculata)*. Das Problem ist inzwischen keines mehr, es handelt sich um die Bunte Bodenkugelspinne *(Asagena phalerata)*, **RL 3** in Niedersachsen (bei Spinnentieren wird nach Bundesländern differenziert).

Die **Weißfleckige Fettspinne** *(Steatoda albomaculata)* hat die gleichen Lebensraumansprüche wie die Bunte Bodenkugelspinne. Das ist auch der Grund, warum ich sie im selben Areal in den Flussschotterbereichen der Oker, nur wenige Meter von der anderen Art entfernt, gefunden habe. Beide Arten variieren sehr stark, so dass hier von habituell ähnlichen Arten mit den gleichen Lebensraumansprüchen gesprochen wird. Die beiden hier eingestellten Exemplare entsprechen allerdings weitgehend der jeweiligen Nominalform und sind deshalb leicht zu unterscheiden. **RL 3** in Nds.

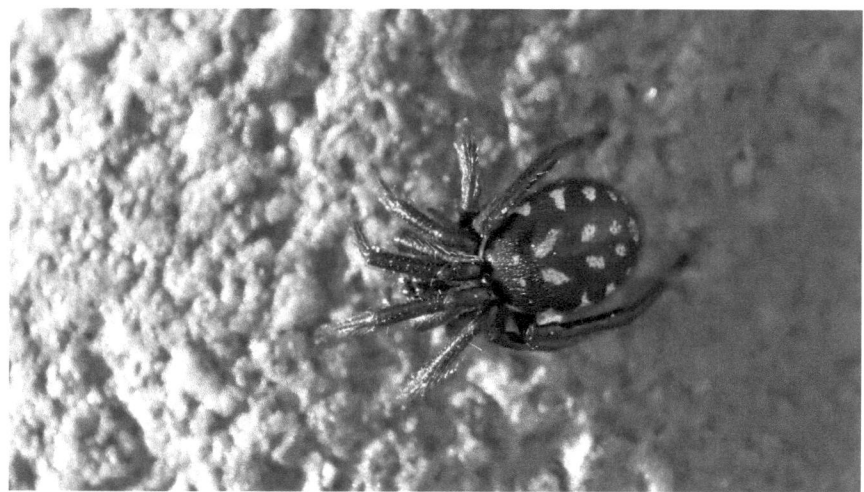

Vor 6 Jahren hatte ich ein Weibchen, vor 4 Jahren ein Männchen des **Heide-Ringelbeinspringers** *(Talavera petrensis)* im selben Areal wie die beiden anderen vorgestellten Arten gefunden. Ganz aktuell habe ich ein weiteres Männchen fotografieren können, leider nur als Belegfoto. Der Kleine ist ausgewachsen nur gut 2,5 mm groß, das erklärt vielleicht teilweise die seltenen Funde. **RL 2** in Nds.

Interessant ist der erneute Fund eines **Streifen-Herzfleckläufers** *(Thanatus striatus)*. Am 28.03. letzten Jahres war es ein Männchen, dem ein Bein fehlte. In diesem Jahr war es ein „vollständiges" Weibchen, und zwar exakt auf dem gleichen Zaunpfahl am Sudmerberg wie das Männchen aus dem Vorjahr. **RL 3**

Last not least ein ganz aktueller Fund: eine **Grüne Buckelkreuzspinne** *(Gibbaranea gibbosa)*, ein Weibchen. Der Name dieser Krabblerin erklärt sich von selbst. Bemerkenswert ist sicherlich, das ich die kleine Seltenheit nicht irgendwo in der Natur gefunden habe. Sie hatte sich auf unserer Balkonbrüstung eingefunden!

Text und Fotos: Gerwin Bärecke

zwischen B6n und Ortsrand Oker, westlich des Flusses

Ausgangs- und Endpunkt der Wanderung ist die Einmündung des Feldweges, der am Ende der Straße Am Müllerkamp ca. 100 m vor dem Wendehammer östlich von der Straße abzweigt. Auch hier wurde in der Vergangenheit schwermetallbe-lasteter Boden „entsorgt", teilweise aber auch von der Oker bei Hochwasserereig-nissen abgelagert und sogar mehrfach umgeschichtet.

Die letzte großflächige Umlagerung erfolgte bei dem Hochwasser von 1981. Die beiden Fotos zeigen die Situation während der Hochwasserspitze und etwa 2 Tage danach. Die beiden weißen Kreise zeigen eine Schwarzkiefer, die heute noch steht.

Die Oker brach durch und überschwemmte das Kieswerk und die gesamte Ebene bis fast nach Braunschweig. Das bedeutete das Ende des Kiesabbaues, die Teiche wurden teilweise verfüllt, und zwar mit Bauschutt, Hausmüll, Resten von Straßendecken und anderem Material diffuser Herkunft.
Für den Fluss selbst wurde mit Planierraupen ein neues Bett geschoben, welches annähernd bis heute erhalten ist. Vor dem Hochwasser mäandrierte die Oker hier zwischen Mittelterasse im Westen und den Fabriken am Ostufer ungehindert, sie änderte dort selbst noch in der zweiten Hälfte der 1970er Jahre fast jedes Jahr ihren Lauf.
Der Bau der B6n hatte später direkte Auswirkungen auf das Gelände durch die Befahrung mit schweren Baumaschinen. Indirekte Auswirkungen ergaben sich nach Fertigstellung durch die Änderung der Luftströmungen, das Mikroklima wurde beeinflusst.
Die Hochwasserereignisse von 1994 und 2002 erreichten nicht die Wucht von 1981, allerdings gab es vergleichsweise geringfügige Veränderungen am Flussbett sowie erneute, ebenfalls vergleichsweise moderate, Umlagerungen im Flussschotterbereich. Das gleiche gilt für das Julihochwasser von 2017.

Seit etwa Mitte der 1980er Jahre ist das Gebiet weitgehend sich selbst überlassen und hat sich dementsprechend entwickelt. Unsere Wanderung umfasst das aufgelassene Kiesabbaugebiet zwischen dem Flusslauf der Oker im Osten und dem Steilhang der Mittelterrasse im Westen, Propsteiburg im Norden und dem Auslauf des Sudmerberges im Süden.
Im Gebiet wurden bisher rund 1.100 Spezies (Pflanzen, Tiere, Pilze) festgestellt, im Prinzip also trotz (oder wegen?) der Schwermetallbelastung ein Hotspot der Artenvielfalt. Dazu beigetragen haben sicherlich die unterschiedlichen Biotoptypen auf kleinstem Raum, die von Wald über Feuchtbereiche, Gewässer, Heideflächen bis hin zu den extrem trockenen, mit spärlicher Vegetation bedeckten Flussschotterarealen reichen. Diese Vielfalt entstand durch Zusammenwirken der eingangs geschilderten Faktoren, ist also zum großen Teil auf menschlichen Einfluss zurückzuführen.

Zum heutigen Zustand ist anzumerken, dass es drei untereinander verbundene Restteiche gibt, von denen der südlichste einen Zufluss hat. Das ist der Überrest des alten Mühlengrabens, der von der Abzucht abzweigte und an der Ostflanke des Sudmerberges durch das Gelände der Pinsularmühle floss. Er ist heute komplett verrohrt und mündet genau am Treffpunkt der Wanderung unter der Straße. Leider kann man am Zustand des südlichsten Teiches feststellen, was das Wasser des Grabens so mit sich führt. Er ist völlig eutrophiert.
Die Wasserqualität in den drei Teichen schwankt erheblich, so konnte ich vor einigen Jahren ein Fischsterben beobachten, bei dem viele tote Fische in den Uferbereichen lagen. Aktuell ist die Situation allerdings etwas besser geworden. Der Zulauf im südlichen Teich sorgt allerdings dafür, dass eine große Fläche auch in strengen Wintern eisfrei bleibt. Das zieht oft viele Wasservögel an, auch der Eisvogel ist dann hier regelmäßig anzutreffen.

Grasnelken-Glasflügler
(*Pyropteron
muscaeforme*)

Ockerfarbener
Steppenheidespanner
(*Idaea ochrata*)

Grüneule
(*Calamia tridens*)

Österreichischer
Lein (*Linum
austriacum*)

Tausendgülden-
kraut (*Centaurium sp.*)

Wiesen-
Glockenblume
(*Campanula patula*)

Grüner Edelscharrkäfer
(*Gnorimus nobilis*)

Moschusbock
(*Aromia moschata*)

Einige der Arten im Gebiet, die entweder einen Rote-Liste-Status haben bzw. nach dem Bundesnatur-schutzgesetz oder der Artenschutz-verordnung besonders geschützt sind.
Bemerkenswert sind: Der Ockerfar-bene Steppenheidespanner, der in Niedersachsen akut vom Aussterben bedroht ist. Der Österreichische Lein hat in Norddeutschland eine kleine Verbreitungsinsel (Haeupler 1989). Der Grasnelken-Glasflügler sowie der Grasnelkenrüssler leben mono-phag auf der Haller´schen Grasnel-ke, sind also explizit auf das Vorhan-densein dieser Pflanze angewiesen. Der seltene Grüne Edelscharrkäfer gehört zur Familie der Rosenkäfer und findet sich auf Mädesüß, Weiß-dorn oder auch auf Doldenblütlern.

Grasnelkenrüssler
(*Sibinia sodalis*)

Gefleckter Langrüssler
(*Cyphocleonus
dealbatus*)

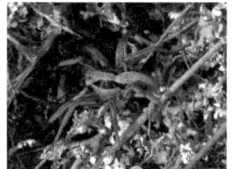

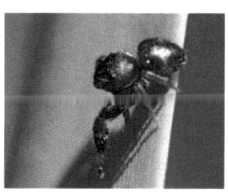

Gestreifte Scheintarantel
(*Alopecosa striatipes*)

V-Fleck-Springspinne
(*Aelurillus v-insignitus*)

Sibianor larae

Auch auf dieser Seite gibt es einige besonders bemerkenswerte Spezies. Es beginnt mit der Gestreiften Scheintarantel, dies ist der bisher nördlichste Fund in Deutschland. Die Springspinne Sibianor larae hat keinen Trivialnamen und ist lt. AraGes der erste Fund in Niedersachsen überhaupt.
Das Vorkommen beider Blauflügelschrecken im Areal ist ebenfalls bemerkenswert, allerdings ist die Sphingonotus erheblich seltener. Die Sumpfschrecke gehört ebenfalls zu den besonderen Arten.
Last not least wäre noch die Gefleckte Heidelibelle zu erwähnen, bei der in der jüngsten Vergangenheit allgemein ein erheblicher Bestandsrückgang verzeichnet wird.

Kreuz-Springspinne
(*Pellenes tripunctatus*)

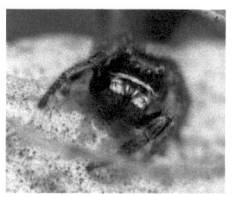

Blauflügelige
Ödlandschrecke
(*Oedipoda caerulescens*)

Blauflügelige
Sandschrecke
(*Sphingonotus caerulans*)

Sumpfschrecke
(*Stethophyma grossum*)

Kleiner Blaupfeil
(*Orthetrum coerulescens*)

Gefleckte Heidelibelle
(*Sympetrum flaveolum*)

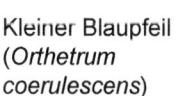

Feuerlibelle
(*Crocothemis erythraea*)

Der nördliche Teich entwässert über einen kleinen Wiesenbach in die Oker. An diesem Bach finden sich u. a. die drei interessantesten Libellenarten, nämlich die Gebänderte Prachtlibelle, die Zweigestreifte Quelljungfer sowie der Kleine Blaupfeil. Allerdings müsste am Bachverlauf der ersten ca. 50 m die Vegetation reguliert werden, im weiteren Verlauf bis zur Einmündung in die Oker sollten partiell einige Weiden entnommen werden bzw. so beschnitten werden, dass sich ggf. Kopfweiden entwickeln.

Mindestens der nördliche Teich hat eine große Population von Karpfen, die teilweise fast Armlänge erreichen. Es müssen aber auch kleinere Fische vorhanden sein, da Kormorane hier regelmäßig fischen. Die größten Sorgen bereitet der Amphibienbestand. Obwohl hier keine Verluste durch Straßenverkehr auftreten, sind die Individuenzahlen bei Fröschen, Kröten und Molchen seit ca. 5 Jahren extrem rückläufig. Die Arten sind zwar alle noch da, aber durch die Bank nur noch mit wenigen Individuen.

Am Steilhang der Mittelterrasse ist nach meinem Ermessen eine forstliche Nutzung ausgeschlossen. Da das Betreten sehr gefährlich ist, habe ich diesen Bereich auch noch nicht in Bezug auf Arthropoden untersucht. Das würde nur mit einer Begleitperson Sinn machen, die bei einem Unfall reagieren kann. Ich bin aber sicher, dass dort aufgrund des alten Baumbestandes (Buchen und Eichen) sowie des reichlich vorhandenen Totholzes noch einige Überraschungen warten. Festzuhalten ist, dass es hier und in den unteren Randbereichen eine Population der Blindschleiche gibt sowie irgendwo in dem alten Baumbestand regelmäßig mehrere Hornissenvölker. Grünspecht und Buntspecht brüten hier.

Leider ist von der Stadt Goslar geplant, hier einen Radweg zu bauen, der die Verbindung zwischen Goslar und dem Stadtteil Vienenburg herstellen soll. Er soll eine wassergebundene Decke bekommen sowie eine Brücke unter der Autobahnbrücke. Was das für das Gebiet letztlich bedeutet, ist noch gar nicht abzuschätzen, zumal auch noch ein möblierter Rastplatz geplant ist. Ich sehe ganz erhebliche Gefährdungen insbesondere für die Standorte zweier seltener Pflanzenarten, von anderen Belastungen ganz abgesehen.

Bisher wird das Gebiet von der ortsansässigen Bevölkerung als Naherholungsgebiet genutzt. Das ist seit mehr als 30 Jahren so und verursacht keinerlei Probleme. Es stellt sich ohnehin die Frage, was mit dem Aushub dieses hochbelasteten Bodens passiert.

Direkt unter der Autobahnbrücke beginnend hat sich, insbesondere am Ostufer, eine Art Auwaldrelikt entwickelt. Dies und das weitere Gelände in nördlicher Richtung ist als Vernetzungsbiotop zum angrenzenden Naturschutzgebiet Unteres Okertal zu sehen.

Zur Methodik der Arterfassung

Ich registriere lediglich, was ich beim ganz normalen Spaziergang aus Augenhöhe finde, oft allerdings auch im Kriechgang. Ich nutze also weder Klopfschirm noch Käscher für Wiesenplankton oder Bodenfallen. Damit bin ich allerdings bereits so weit, dass ich sogar Springschwänze, Staubläuse, Florfliegeneier und andere Kleinstteile auf diese Weise finde. Die Methode mag nicht wissenschaftlich exakt sein, ist aber letztlich eine über Jahre hinweg konstante und vergleichbare Beobachtungsmethode. Dass dabei vieles nicht gefunden wird, ist einsichtig, spielt aber letztlich keine entscheidende Rolle. Die Artenliste stammt aus meinen auf Naturgucker festgehaltenen Beobachtungen der letzten fünf Jahre.

Ich komme (Stand November 2019) auf folgende Zahlen:

865 bis zur Art bzw. Artengruppe bestimmte Spezies (Pflanzen, Tiere, Pilze)

152 unbestimmte Spezies, die am Foto nicht bestimmbar sind, teilweise ist nur die Zugehörigkeit zur Familie geklärt

225 Spezies aus der Begehung des NWV 2015, die ich allerdings noch nicht abgeglichen habe. Ich gehe aber nach einem ersten Überblick davon aus, dass mehr als 100 davon in meiner Artenliste nicht enthalten sind.

Da ich nicht auf allen Gebieten so bewandert bin wie bei den Spinnentieren, zähle ich hier einmal auf, was lediglich ansatzweise bzw. noch gar nicht an Arten erfasst ist:

Pflanzen allgemein, insbesondere Bäume, Büsche, Flechten, Moose, usw., ich bin kein Botaniker!
Arthropoden: Allein die potenziell möglichen Arten zeigen, dass hier erst ein geringer Prozentsatz erfasst ist. Es fehlen insbesondere Daten aus folgenden Familien: Ameisen, Steinfliegen, Köcherfliegen, Wildbienen, Mücken, Wespen usw.
Spinnen: Die größeren Webspinnenarten dürften weitgehend erfasst sein, weiterhin fehlen dürften z. B. einige Zwergspinnen und Zwergbaldachinspinnen. Das würde allerdings den Einsatz von Hilfsmitteln wie Klopfschirm und Bodenfallen erfordern.
Pilze: Hier sind erst ganz wenige Arten erfasst und bestimmt. Insbesondere die reichlich vorhandenen Baumpilze fehlen.
Säugetiere und Vögel: In diesen relativ überschaubaren Bereichen dürfte meine Artenliste ziemlich vollständig sein.

Es dürfte deutlich geworden sein, dass mit den rund 1100 bisher erfassten Spezies erst ein kleiner Teil des wirklichen Artenpotenzials dieses Gebietes bekannt sein dürfte. Die 865 bestimmten Spezies enthalten im übrigen 83 Arten mit RL-Status bzw. besonders geschützte Arten.

Ergänzend muss ich hier noch hinzufügen, dass das Artenspektrum auf beide Seiten der Oker in diesem Bereich identisch ist. Lediglich die Bienenragwurz ist nu in einem kleinen Areal östlich der Oker in der Nähe der Kläranlage zu finden.

Es sollte auch deutlich geworden sein, dass die heutigen Strukturen dort anthropo gen bedingt sind. Die natürliche Dynamik der Oker, die es in diesem Bereich noc bis zum Hochwasser 1981 ansatzweise gab, ist in weiten Teilen gebrochen. E weiteres Hochwasserereignis von vergleichbarer Wucht könnte hier allerdings ein völlig neue Situation schaffen. Nach allem, was bis heute bekannt ist, kann e solches Ereignis nicht ausgeschlossen werden.

Nicht zuletzt sei auch auf die negativen Einflüsse hingewiesen, die von den umge benden Industrieflächen, landwirtschaftlichen Flächen und durchaus auch von de Schnellstraße ausgehen. Die Schadstoff-Frachten des Mühlengrabens und de Oker sollten dabei auch nicht vergessen werden, ebenso wenig die Einbringun von Stickstoff aus der Luft. Letzteres ist den offenen Bereichen schon anzusehe was letztlich die Arten dieser Lebensräume gefährdet.

Abgesehen von allen genannten negativen Einflüssen ist es jedoch äußerst beme kenswert, welche Biodiversität und welches ökologische Potenzial sich in eine solchen Gebiet entwickelt, wenn es denn in Ruhe gelassen wird. Ich kenne da Gebiet noch im Zustand vor Beginn des Kiesabbaues und bin seitdem imme wieder überrascht von der Dynamik, die ein solches System entwickeln kann.

Goslar-Oker, im Dezember 2019
Gerwin Bärecke

Ankündigungstexte für GZ und Homepage für die Winterwanderung:

Samstag, 07. Dezember

Wanderung im aufgelassenen Kiesabbaugebiet zwischen dem Flusslauf der Oker im Osten und dem Steilhang der Mittelterrasse im Westen, Propsteiburg im Norden und dem Auslauf des Sudmerberges im Süden. Im Gebiet wurden bisher über 1.000 Spezies (Pflanzen, Tiere, Pilze) festgestellt, im Prinzip also trotz (oder wegen?) der Schwermetallbelastung ein Hotspot der Artenvielfalt. Seit dem Ende des Kiesabbaues ist das Gebiet sich selbst überlassen und konnte daher die erwähnte Artenvielfalt entwickeln. Dazu beigetragen haben sicherlich die unterschiedlichen Biotoptypen auf kleinstem Raum, die von Wald über Feuchtbereiche, Gewässer, Heideflächen bis hin zu den extrem trockenen, mit spärlicher Vegetation bedeckten Flussschotterarealen reichen.
Abhängig von der Witterung in den Tagen vorher besteht u. a. die Möglichkeit, einige unserer winterlichen Collembolen (Springschwänze, Gattungen Entomobrya und Sminthurides) sowie Spinnen und ev. Insekten zu beobachten. Der Rundweg beträgt ca. 2,5 km und wird etwa 2 Stunden in Anspruch nehmen, festes Schuhwerk ist erforderlich. Leitung: Gerwin Bärecke.
Treffpunkt 09:30 Uhr Füllekuhle, 10:00 Uhr am Ende der Straße „Am Müllerkamp" in Oker, ca. 100 m vor dem Wendehammer mündet rechts ein Feldweg. Fahrzeuge können dort bzw. am Parkstreifen abgestellt werden.

Kurzfassung f. d. Homepage:

Samstag, 07. Dezember

Wanderung im aufgelassenen Kiesabbaugebiet zwischen dem Flusslauf der Oker im Osten und dem Steilhang der Mittelterrasse im Westen, Propsteiburg im Norden und dem Auslauf des Sudmerberges im Süden.
Abhängig von der Witterung in den Tagen vorher besteht u. a. die Möglichkeit, einige unserer winterlichen Springschwänze, Spinnen und Insekten zu beobachten. Der Rundweg beträgt ca. 2,5 km und wird etwa 2 Stunden in Anspruch nehmen, festes Schuhwerk ist erforderlich. Leitung: Gerwin Bärecke.
Treffpunkt 09:30 Uhr Füllekuhle, 10:00 Uhr am Ende der Straße „Am Müllerkamp" in Oker, ca. 100 m vor dem Wendehammer mündet rechts ein Feldweg. Fahrzeuge können dort bzw. am Parkstreifen abgestellt werden.

Bericht in der GZ vom 12. Dezember 2019:

Winterwanderung durch die Okeraue

Gerwin Bärecke führt Interessierte durch artenreiche Landschaft zwischen B 6 und Ortsrand Oker

Von Antje Sellkopf

Oker. „Es gibt kein schlechtes Wetter, es gibt nur schlechte Kleidung." Dieses Motto im Hinterkopf, hatten sich am Samstag an die 20 Naturfreunde aufgemacht, um an der Winterwanderung des Naturwissenschaftlichen Vereins (NWV) Goslar teilzunehmen. Gerwin Bärecke führte die Teilnehmer von einem Feldweg am Ende der Straße Am Müllerkamp aus östlich durch das Gelände der Okeraue.

Der Fachmann für Insekten und erfahrene Naturkenner hat über dieses Gebiet vor Jahren schon eine Broschüre herausgegeben. „Die letzte großflächige Umlagerung erfolgte bei dem Hochwasser von 1981" erläuterte er. Die Oker sei durchgebrochen und habe das Kieswerk und fast die gesamte Ebene bis fast nach Braunschweig überschwemmt. Das bedeutete hier das Ende des Kiesabbaus. Bärecke: „Die Teiche wurden teilweise verfüllt und zwar mit Bauschutt, Hausmüll, Resten von Straßendecken und anderem Material diffuser Herkunft."

Unterschiedliche Biotope

Etwa seit Mitte der 80er Jahre sei das Gebiet weitestgehend sich selbst überlassen worden. Und siehe da: Die Natur hat sich dieses stark mit Schwermetallen belastete Areal zurückerobert. Wie, das erlebten die fachkundigen Teilnehmer anhand vieler Beispiele aus der Natur- und Pflanzenwelt. Einige Exemplare der Rundblättrigen Glockenblume blühten sogar noch. Auch Tausendgüldenkraut und Wiesen-Glockenblume wachsen hier. Bärecke, der in

Witterungsgemäß angezogen machen sich die Teilnehmer an der Winterwanderung auf den Weg durch das Gelände der Okeraue, wo es viel zu sehen und zu bestaunen gibt – unter anderem auch ein Schwanenpaar mit Jungtieren.
Fotos: Sellkopf

dem Gebiet seit Jahren regelmäßig unterwegs ist, um die Insektenwelt zu erkunden, hat insgesamt rund 1100 Pflanzen-, Tier- und Pilzarten registriert. Zwar hatten an dem grauen regnerischen Tag Insekten wenig Lust, sich in großer Zahl zu zeigen. Doch einige Exemplare gab es dann doch zu sehen. Blauflügelige Ödland- und Sandschrecke, Sumpfschrecke und die Gefleckte Heidelibelle hat der Okeraner hier gefunden und fotografiert. Der erfahrene Naturfotograf hat in diesem Bereich auch den ockerfarbenen Steppenheidespanner entdeckt, der in Niedersachsen akut vom Aussterben bedroht ist.

Ob die Artenvielfalt in dieser Ebene trotz oder wegen der Schwermetallbelastung so groß ist, blieb offen. Bärecke: „Dazu beigetragen haben sicherlich die unterschiedlichen Biotope auf kleinstem Raum, die vom Wald über Feuchtbereiche, Gewässer, Heideflächen bis hin zu extrem trockenen Flussschotter-Arealen reichen." Die Wanderung ging an drei untereinander verbundenen Restteichen entlang, deren Wasserqualität laut Tourguide erheblich schwankt: „Im Moment scheint die Situation etwas besser geworden zu sein."

Auch Libellen heimisch

Am südlichsten der drei Teiche, der einen Zufluss hat und nicht zufriert, finden sich regelmäßig Wasservögel, darunter auch der Eisvogel. Im nördlichsten Teich hat Bärecke eine Vielzahl von Karpfen ausgemacht, „die teilweise fast Armlänge erreichen." Auf dem mittleren Teich ließ es sich ein Schwanenpaar mit Jungtier gut gehen. Auch Libellen fühlen sich an den Ufern heimisch. Zu sehen sein werden sie aber erst wieder im kom-

menden Jahr. Sorge bereitet dem Fachmann die geringe Zahl an Amphibien – seit fünf Jahren werden es immer weniger Frösche, Kröten und Molche.

Die Teilnehmer der Tour schauten sich interessiert und wissbegierig um. Viele von ihnen sind selber Fachleute, die sich mit Moosen, Baumpilzen und Vögeln auskennen. So wurde immer wieder angehalten, gezeigt und gestaunt. Am Ende der Tour zum Jahresabschluss waren alle Aktiven sehr glücklich und froh darüber, eine so interessante Wanderung miterlebt zu haben.

Die nächste Exkursion des NWV Goslar führt am Samstag, 25. Januar, in den Stadtpark Oker. Dr. Agnes-M. Daub und Anke Schulze zeigen in Zusammenarbeit mit der Volkshochschule Goslar, wie man Bäume im Winter erkennen kann. Treffpunkt ist um 10 Uhr am Parkplatz der Bürgerbegegnungsstätte Oker.

Beitrag zum Goslarer Bergkalender 2021

Arachnes Erben

Ein Plädoyer für die achtbeinigen Mitgeschöpfe

Sie gehören zu den meistgehassten, -gefürchteten, -zertretenen, -erschlagenen oder sonstwie ins Jenseits beförderten Mitgeschöpfen. Sie sind erfolgreiche Jäger, schlaue Fallensteller, geniale Baumeister, fürsorgliche Mütter; ihr Beitrag zur Reduzierung sechsbeiniger Plagegeister ist nicht einmal annähernd zu schätzen. Darüber hinaus sind viele von ihnen auch noch grazile Schönheiten, allerdings, das sei zugegeben, bei Betrachtung durch ein Vergrößerungsglas durchaus keine Kuscheltiere. Gefährlich ist aber keine einzige der etwa 1000 Arten, die in unseren Breiten heimisch sind: Es geht um Spinnen.

Gartenkreuzspinne

V-Fleck-Springspinne, Männchen

Monsterspinnen?

Jeden Herbst rauscht es durch die Medienlandschaft, dass am Winterbeginn große, beißende Spinnen in unsere Häuser und Wohnungen eindringen, auf der Suche nach frostsicheren Winterquartieren. 2015 war deren Größe in englischen Medien sogar bis auf 12 cm angewachsen. Offensichtlich hat da den Redakteuren die Arachnophobie, die Angst vor Spinnen, die Feder geführt, denn Spinnen solcher Größe gibt es in unseren Breiten nicht. Die Beine werden bei der Körpergröße nicht mitgerechnet, so dass die größten Arten bei uns nur knapp 20 mm erreichen. Eine dunkle, behaarte Hauswinkelspinne auf einer weißgetünchten Kellerwand erreicht mit Beinen gerade mal 50-60 mm, wird aber vom Schreck

Veränderliche Krabbenspinne mit Beute

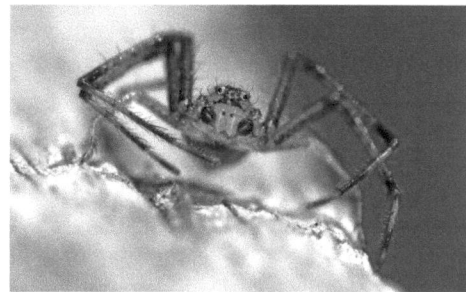

Grüne Krabbenspinne, Portrait eines Männchens

der plötzlichen Begegnung (und der Angst) vielleicht auf das Doppelte vergrößert. Gebissen wird übrigens auch nicht. Eine gefangene Spinne versucht sich zu wehren, kann aber i. d. Regel die menschliche Haut nicht durchdringen. Wenn doch einmal, ist es maximal mit dem Stich einer Wespe zu vergleichen.

Flussufer-Wolfspinne - extrem selten!

Arachnes Hochmut und die Folgen

Zu den Spinnentieren gehören übrigens neben den Webspinnen auch noch die Weberknechte, Skorpione, Pseudoskorpione, Milben und auch Zecken. Die Wissenschaft fasst sie alle unter dem Begriff Arachnidae zusammen, und damit hat es eine besondere Bewandtnis. Im alten Griechenland lebte die Weberin Arachne, weithin berühmt für ihre Kunstfertigkeit. Ihre Fähigkeit machte sie schließlich so hochmütig, dass sie sogar die Göttin Athene herausforderte. Bei dem Wettstreit erdreistete sie sich auch noch, die Liebeskapriolen der olympischen Götter in ihr Tuch einzuweben. Die Arbeit war makellos, aber der Inhalt erzürnte die Göttin Athene so, dass sie Arachne verprügelte. Die fürchtete daraufhin weitere Rache und erhängte sich. Athene aber verwandelte sie in eine Spinne, den Strick in einen Spinnfaden und verdammte Arachne und alle ihre Nachkommen, auf diese Weise zu leben: die Arachniden.

Betrachtet man allein die Webspinnen heute, muss man zu dem Schluss kommen, dass Arachne nicht nur fleißig gewebt hat, sondern auch fleißig Nachkommen in die Welt gesetzt hat. Viele Familien wie z. B. Wolfspinnen, Raubspinnen, Laufspinnen, Krabbenspinnen und Springspinnen, die Aufzählung ist bei weitem nicht vollständig, bevölkern heute mit geschätzt zwischen 50.000 und 100.000 Arten den ganzen Planeten, in Deutschland sind es immerhin noch etwa 1.000 Arten.

Vielfalt pur

Größe, Farbe, Gestalt und Lebensweise unserer Spinnen sind ebenso vielfältig wie faszinierend. So finde ich rund um Goslar die erst vor wenigen Jahrzehnten eingewanderte Zebra- oder Wespenspinne, eine der größten (bis 18 mm) und schönsten Radnetzspinnen. Zu den kleinsten gehört die Schwarze Glücksspinne, die mit gerade 2 mm aber noch nicht die kleinste ist. Besonders eindrucksvoll sind zweifellos die Wolfspinnen, keine Netzbauer, sonder Jäger, die ihrer Beute nachstellen. Diese

Familie stellt sogar extreme Seltenheiten: Die eindrucksvolle Flussuferwolfspinne z. B., die in Niedersachsen als ausgestorben galt; rund 60 Jahre nach dem letzten Fund in Niedersachsen entdeckte ich sie in der Okeraue. Dort die lebt auch die Gestreifte Scheintarantel, deren Vorkommen hier als bisher nördlichster Fund in Deutschland gilt. Zu den Wolfspinnen gehören auch die fürsorglichsten Mütter: sie tragen zunächst den Eikokon, an den Spinnwarzen angeheftet; später ihre Jungen auf dem Rücken mit sich herum. Ihr Körper dient bei einigen Arten sogar den Jungspinnen als Nahrung, um den Start ins Leben zu erleichtern.

Geschickte Jäger sind auch die Krabbenspinnen, allen voran die Veränderliche Krabbenspinne. Sie können ihre Färbung dem Untergrund anpassen, so dass sie z. B. mit weißen oder gelben Blüten optisch verschmelzen und dort auf die Beute lauern. Wehe der Fliege, die das nicht sieht! Die anderen Arten dieser Familie können zwar nicht die Farbe wechseln, sind aber für ihren jeweiligen Lebensraum extrem gut angepasst und getarnt. Das gilt ganz besonders für die zu den Riesenkrabbenspinnen gehörende Grüne Huschspinne. Die muss man trotz ihrer Größe zwischen Grashalmen erst einmal finden!

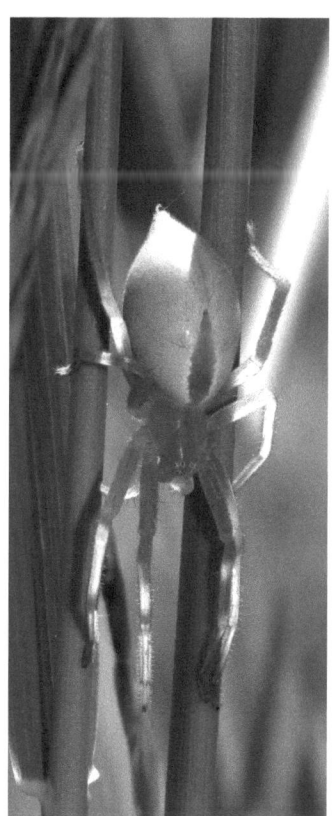

Grüne Huschspinne

Bekannt sind bei uns vor allem die netzbauenden Arten, allen voran die Gartenkreuzspinne. Ihr Radnetz ist ein Wunder an Präzision und Festigkeit, im Morgentau sogar ein perlenbesetztes Schmuckstück. Die Spinne selbst findet man leicht, sie sitzt meist in der Mitte und wartet auf Beute. Von anderen netzbauenden Spinnen dagegen kennt man eher die Netze, aber kaum die Erbauer, so z. B. bei den Baldachinspinnen. Deren Netze sind im Spätsommer oft zu Hunderten auf Wiesen zu finden. Spinnenseide ist übrigens reißfester und flexibler als gleichstarke Stahlfasern.

Am schwierigsten gestaltet sich die Suche nach den flinken Springspinnen. Die meisten sind sehr klein und gut getarnt, so misst z. B. das Männchen der hübschen V-Fleck-Springspinne gerade mal 4 mm. Der Familienname bezeichnet auch schon ihre Jagdmethode: Sie bauen keine Netze, sondern pirschen sich an und fangen ihre Beute im Sprung. Das erklärt auch ihre extrem ausgeprägten vorderen Augen, ein Kennzeichen der Springspinnen, sowie das ausgezeichnete Sehvermögen als Anpassung an ihre Jagdweise.

Beschäftigt man sich intensiv mit den Achtbeinern, wird man sehr schnell feststellen, dass auch dort sehr viele gefährdet und teils akut vom Aussterben bedroht sind. Die berüchtigten Roten Listen sprechen auch hier Bände. So ist es kein Wunder, dass von den rund 130 Arten, die ich in und um Goslar bisher nachweisen konnte, über 30 auf eben diesen Roten Listen stehen. Das ist erschreckend und bedrückend, da man nicht weiß, wie viele gar nicht mehr gefunden werden können, weil sie bereits ausgestorben sind.

Ab in die Ferne

Ballooning einer Tibellus-Laufspinne

Im Spätsommer und Herbst geht eine neue Spinnengeneration auf Wanderschaft, und zwar bei vielen Arten durch die Luft. Die Jungspinnen klettern auf hohe Pflanzen oder Zaunpfähle und lassen spezielle Spinnfäden aus den Spinndrüsen, die sich zusammenkräuseln und ein sogenanntes Fadenfloß bilden. Ist es schließlich tragfähig, lässt die Spinne los und gelangt mit dem Wind in neue Lebensräume. Hat sie einen geeigneten Landeplatz ausgemacht, zieht sie die Flugfäden langsam wieder ein und sinkt sanft zu Boden. Das nennt man auch „Ballooning" und die Jahreszeit seit jeher „Altweibersommer".

Von „Nützlichkeit" und „Gattenmord"

Obwohl ich überhaupt nichts von den Begriffen „nützlich" oder „schädlich" halte, weil es menschliche Kategorien sind und mit Natur nichts zu tun haben, so sei doch hier das Ergebnis von Berechnungen englischer Biologen angeführt. Nach dieser Studie ist es so, dass die Spinnenfauna eines Gebietes, nehmen wir einen Landkreis oder sogar ein Bundesland, jährlich eine riesige Zahl von Insekten vertilgt. Das Gesamtgewicht der vertilgten Sechsbeiner soll dabei dem Gesamtgewicht der menschlichen Bevölkerung des gleichen Gebietes entsprechen! Wer also die

Die Wespenspinne tötet das Männchen nach der Paarung - wenn sie es denn kriegt!

Insekten hauptsächlich als Plagegeister ansieht, der sollte wohl Dankschreiben an die achtbeinigen Jäger verfassen - soviel zur „Nützlichkeit". Das Klischee vom gnadenlosen Gattenmord nach der Paarung gilt übrigens nur für die wenigsten Arten, berüchtigt ist da die Schwarze Witwe, die sogar ihren Namen diesem Verhalten verdankt. Auch bei ihr allerdings, das sei angemerkt, haben die Männchen durchaus Strategien dagegen entwickelt. So fesselt das (sehr viel kleinere) Männchen der Schwarzen Witwe seine Partnerin oft vor der Paarung, um hinterher leichter entkommen zu können. Klappt nicht immer, ist aber in vielen Fällen erfolgreich!
Der Biss dieser Spinne kann übrigens auch einem Menschen durchaus gefährlich werden. Kleiner Trost: Es gibt sie nur in Südeuropa.

24.07.2021 um 09:30 Uhr ab Parkplatz an der Mündung des Schwarzen Weges, Wolfenbütteler Straße

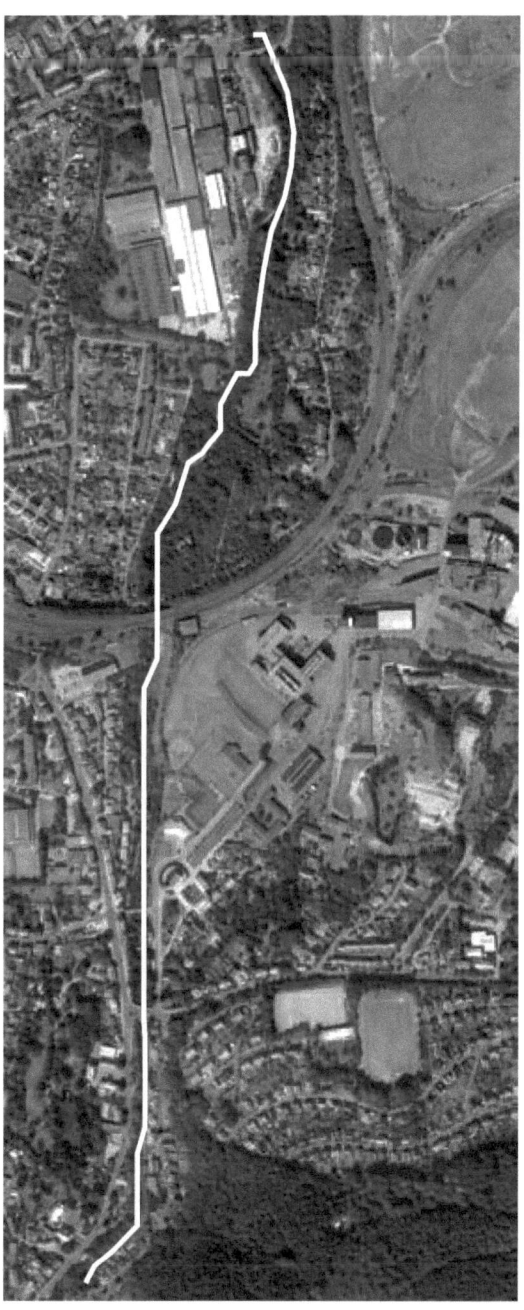

Wichtige Daten:

Erbaut: 1970er Jahre
Länge: Knapp 2 km

Arten (Auswahl, Stand 31.12.2020):

Vögel:	52
Reptilien:	2
Amphibien:	4
Säugetiere:	2
Pflanzen:	49
Pilze:	6

Gliederfüßer:

Spinnentiere:	48
Vielfüßer:	2

Insekten:

Schmetterlinge:	49
Käfer:	39
Libellen:	11
Wanzen:	17
Zikaden:	6
Wildbienen:	6
Wespen:	12
Ameisen:	5
Sonstige:	10

Die Zahlen sind jeweils als Minimalwerte zu sehen. Die tatsächlichen Artenzahlen dürften weit höher sein!

Anlass für die Aktivitäten, die sich in den letzten Monaten im Zusammenhang mit der Promenade entwickelt haben, war die brachiale, von der Stadtverwaltung initiierte „Pflegeaktion" am unteren Teich in der Nähe des Bolzplatzes (s. Foto unten).

Seit mehr als 15 Jahren konnte man an der Uferpromenade in Oker, am Teich nahe dem Bolzplatz, mindestens einen, oft sogar zwei Eisvögel gleichzeitig beim Fischen beobachten. Die vielen Spaziergänger störten die Vögel überhaupt nicht, sie flogen einfach an eine andere Stelle des Ufers und setzten sich dort in einen anderen Busch. Das ist seit dem 21. Januar vorbei.

Jahrzehntelang wurde die kontinuierliche Pflege dort vernachlässigt. Auf diese Weise konnten sich rund um den Teich Baum- und Buschbewuchs sowie ein reicher Stauden- und Blütenpflanzenbewuchs ausbreiten, was zur Folge hatte, dass sich auch eine entsprechend reiche Tierwelt mit einer großen Artenvielfalt eingefunden hat. Buntspecht, Grünspecht, Baumläufer, Blaumeise, Kohlmeise, Schwanzmeise, Dompfaff, Rotkehlchen - sie alle haben hier Deckung, Nahrung und sogar Nistmöglichkeiten gehabt (die Aufzählung ist bei weitem nicht vollständig). Die Weidenjungfer, eine Libellenart, legt ihre Eier in jungen Weidenzweigen ab, die über dem Wasser hängen. Sie ritzt dazu die Rinde an, die geschlüpften Larven fallen ins Wasser und entwickeln sich dort weiter.

Von weiteren Insekten und von Spinnen will ich gar nicht erst anfangen, dazu nur zwei Anmerkungen: Ich habe dort u. a. zwei extrem seltene Käferarten entdeckt,

den Erlenborken-Scheinrüssler (*Rabocerus gabrieli*, Rote Liste Status 2, 6 Fundorte in Deutschland, davon 2 in Niedersachsen) sowie den Schönen Marienkäfer (*Sospita vigintiguttata*, Status 3 in der Roten Liste, 2 Funde in Nds.). Das sind nur die spektakulärsten Funde neben vielen anderen dort.

Es ist absolut unverständlich, wie so etwas im Zeichen der schwindenden Artenvielfalt, Stichwort Insektensterben, überhaupt noch möglich ist. Hier wurde mit einer Drachialmaßnahme derart eingegriffen, dass nicht nur die o. g. Beeinträchtigungen verursacht werden. Es wird darüber hinaus Jahre, wenn nicht Jahrzehnte dauern, bis sich eine ähnliche Vielfalt wieder einstellen kann.

Der Vorgang selbst und die Folgen haben zu Überlegungen geführt, wie denn für das Kleinod Okerpromenade eine höhere Wertschätzung bei zuständigen Behörden und auch bei der Okeraner Bevölkerung erreicht werden kann. Dabei gilt es einmal, für die Zukunft derartig unsensible „Pflegemaßnahmen" zu verhindern, andererseits aber auch Besucher der Promenade u. a. dazu zu bringen, keinen Müll mehr zu hinterlassen.

Mehrere engagierte Okeraner, darunter auch Ratsherren, kümmerten sich zunächst darum, die Folgeschäden dort am Teich möglichst abzumildern, wenn sie schon nicht rückgängig zu machen sind. Die Überlegungen gingen aber noch weiter, denn ohne eine höhere Wertschätzung und Sensibilität in Oker selbst ist das Gleiche anderenorts (z. B. Goslar) nicht zu erreichen.

Nun ist es nicht bei den Überlegungen und Bemühungen geblieben, sondern es haben sich auch bereits praktische Folgen ergeben. So werden im Herbst (Vorgabe der Unteren Naturschutzbehörde des Landkreises) weitestgehend die ausstehenden Restarbeiten am Teich erledigt. Weitere Maßnahmen wurden im Bauausschuss beraten und an den Rat der Stadt mit Beschlussempfehlung weitergeleitet (ich will dem hier aber nicht mit Einzelheiten vorgreifen).

So gehört u. a. auch diese vom Naturwissenschaftlichen Verein Goslar (NWV) initiierte Führung an der Promenade zum Verbund dessen, was gerade dort geschieht bzw. in der Zukunft weiter geschehen soll. Auch der NWV wird sich noch über diese Führung hinaus engagieren, aber auch hier will ich nicht vorgreifen.

Mit finanzieller Unterstützung der Okeraner Firma Harz Oxid GmbH konnte auch schon ein weiteres Mosaiksteinchen gefertigt werden. So konnte ein 12-seitiges Faltblatt erstellt werden, welches interessierten Menschen die Promenade vorstellt, einiges der bermerkenswerten Artenvielfalt zeigt und so vielleicht dazu beiträgt, die Wertschätzung und die Sensibilität für ein solches kleines Juwel zu erhöhen oder gar zu wecken (s. a. Seiten 6 u. 8).

Grünspecht
(*Calamia tridens*)

Schöner Marien-
käfer
(*Sospita vigintiguttata*)

Erlenblatt-Schein-
rüssler
(*Rabocerus gabrieli*)

Elfenkrokus
(*Crocus
tommasinianus*)

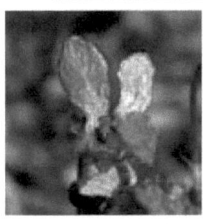

Wohlriechendes
Veilchen
(*Viola odorata*)

Rotkehlchen
(*Erithacus rubecula*)

Ein winziger Ausschnitt dessen, was es an der Okerpromenade zu sehen gibt. Es ist natürlich gerade bei Pflanzen und Insekten stark von der jeweiligen Jahreszeit abhängig, was zu einem konkreten Zeitpunkt zu beobachten ist.

Die Vogelwelt hingegen bietet das ganze Jahr über Beobachtungsmöglichkeiten. Im Winter fehlen natürlich die Zugvögel, aber es sind immer noch genug Standvögel dort.

Die rot beschrifteten Arten haben entweder einen Status in den berüchtigten Roten Listen (die beiden extrem seltenen Käfer oben) oder sind gesetzlich geschützt wie z. B. der eindrucksvolle Moschusbock unten links.

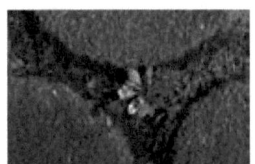

Hungerblümchen
(*Draba verna*)

Feuerwanze
(*Pyrrhocoris
apterus*)

Silberreiher
(*Ardea alba*)

Moschusbock
(*Aromia moschata*)

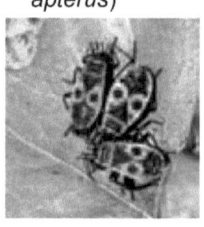

Zitronenfalter
(*Gonepteryx rhamni*)

V-Fleck-Springspinne
(*Aelurillus v-insignitus*)

Eichhörnchen
(*Sciurus
vulgaris*)

Auch auf dieser Seite gibt es einige besonders bemerkenswerte Spezies mit roter Beschriftung. Die V-Fleck-Springspinne wird lt. Roter Liste als stark gefährdet eingestuft; die Berg-Eidechse und die Becherjungfer gehören zu jenen Arten, die dem besonderen Schutz des Gesetzes unterliegen.
Es ist aber keineswegs entscheidend, ob und wieviele bedrohte oder geschützte Arten an der Promenade vorkommen. Es zählt allein die Vielfalt, die natürlich auch mit der Vielzahl unterschiedlicher Kleinlebensräume dort zu tun hat. Wenn wir nicht achtsam sind, kann es durchaus passieren, dass auch andere, häufige Arten plötzlich auf der Roten Liste landen. Alles schon geschehen!

Wacholderdrossel
(*Turdus pilaris*)

Baldachinspinne
(*Linyphia spec.*)

Vierfleck-Kreuz-spinne
(*Araneus
quadratus*)

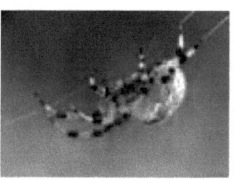

Berg-Eidechse
(*Zootoca
vivipara*)

Junge Gebirgs-stelzen
(*Motacilla cinerea*)

Becherjungfer
(*Enallagma
cyathigerum*)

Kleiner Heufalter
(*Coenonympha
pamphilus*)

Naturschützer beklagt Natureingriff

Hat die Stadt an einem Teich in Oker ohne Sachverstand Bäume gefällt? Verwaltung erklärt Arbeiten

Von Oliver Stade

Oker. Eine Grünpflege der Stadt Goslar an der Okerpromenade fiel derart rabiat aus, dass sich Leser bei der GZ über den Eingriff beklagen.

„Traurig, dass die Natur so wenig wert ist", schreibt eine Okeranerin beim Anblick der Uferpromenade am Teich nahe dem Bolzplatz. Die Anwohner hätten sich seit langer Zeit daran erfreut, regelmäßig ein Eisvogelpärchen an dem Gewässer beobachten zu können.

Noch deutlicher äußert sich der Naturschützer Gerwin Bärecke aus Oker. Er spricht von einer „brachialen Baumfällaktion" und einem „regelrechten Kahlschlag". Sieben Weiden und eine Erle seien bis auf einen zehn Zentimeter hohen Stumpf gefällt worden. Nur einige Erlen seien stehen geblieben. Außerdem seien etliche Büsche gerodet worden. Lebensräume vieler Tiere seien dadurch beeinträchtigt.

„Eine kleine Idylle"

Bärecke, im Umgang mit Behörden erfahren, kennt deren Argumente, daher erklärt er vorbeugend. Eine Gefährdung habe nicht bestanden. Bis auf zwei Bäume seien alle gesund gewesen, zudem hätten sie sich Richtung Teich geneigt.

Prächtige Gefiederfarben: ein Eisvogel, aufgenommen an der Okerpromenade.

Foto: Bärecke

können – eine Vogelart, die hauptsächlich darunter leidet, dass ihre Biotope schwinden.

Neben dem Eisvogel würden wei-

Scheizrüssler seien nur sechs Fundorte in Deutschland bekannt, davon zwei in Niedersachsen. Beide Arten seien gefährdet.

GZ vom 28.01.21

Die vielen Reaktionen in Facebook würden eine ganze Zeitung füllen!

GZ vom 26.04.21

„Irgendwann platzt einem der Kragen"

Nach Baumfällungen: Anwohner und Umweltschützer ärgern sich über den Zustand des Oker-Promenaden-Teichs

Von Hendrik Roß

Oker. Unfachmännisch, unsensibel, ungenügend – so fassen Umweltschützer, Anwohner und Teile der SPD-Ratsfraktion die von der Stadt beauftragten Baumfällungen rund um einen Teich an der Okerpromenade zusammen. Vor allem ärgert sie der Zustand, in dem die zuständige Firma das Gewässer hinterlassen hat.

Denn bei den Arbeiten sind viele Äste und vor Ort gehäckselte Holzstückchen im Wasser gelandet, Algen und Pilze haben sich gebildet, und am flachen Wasser stinkt es. Wenn es wärmer wird, könnte sich vor allem die Geruchsbelästigung verschlimmern, befürchten die Anwohner.

Schon viel Kritik

Die Natureingriffe an der Okerpromenade hatten bereits Anfang des Jahres für viel Kritik von Umweltschützern gesorgt (die GZ berichtete). Einer von ihnen ist der Okeraner Gerwin Bärecke, der sein Unverständnis mit Blick auf den Teich nun erneuert. In einem Arbeitspapier führt er gleich mehrere

Umweltschützer Gerwin Bärecke (rechts) erläutert Anwohnern und Lokalpolitikern die Situation am Promenaden-Teich. Foto: Roß

SPD-Ratsherr Stefan Ehle. Immer wieder habe man die Verwaltung

bei der Verwaltung abgegeben, die klären soll, welche Aufräumarbeiten

recke noch ein weiteres Indiz: Während größere, Schatten spendende

Zur Methodik der Arterfassung

Ich registriere lediglich, was ich beim ganz normalen Spaziergang aus Augenhöhe finde, oft allerdings auch im Kriechgang. Ich nutze also weder Klopfschirm noch Käscher für Wiesenplankton oder Bodenfallen. Damit bin ich allerdings bereits so weit, dass ich sogar Springschwänze, Staubläuse, Florfliegeneier und andere Kleinstteile auf diese Weise finde. Die Methode mag nicht wissenschaftlich exakt sein, ist aber letztlich eine über Jahre hinweg konstante und vergleichbare Beobachtungsmethode. Dass dabei vieles nicht gefunden wird, ist einsichtig, spielt aber letztlich keine entscheidende Rolle. Die Artenliste auf der Titelseite stammt aus meinen auf der Internet-Plattform naturgucker.de festgehaltenen Beobachtungen der letzten fünf Jahre.

Ich komme (Stand Dezember 2020) auf folgende Zahlen:

376 bis zur Art bzw. Artengruppe bestimmte Spezies (Pflanzen, Tiere, Pilze)

91 unbestimmte Spezies, die am Foto nicht bestimmbar sind, teilweise ist nur die Zugehörigkeit zur Familie oder zur Gattung geklärt.

Da ich nicht auf allen Gebieten so bewandert bin wie z. B. bei den Spinnentieren, zähle ich hier einmal auf, was lediglich ansatzweise bzw. noch gar nicht an Arten erfasst ist:

Pflanzen allgemein, insbesondere Bäume, Büsche, Flechten, Moose, hier ist allerdings Abhilfe in Sicht!
Gliederfüßer: Allein die potenziell möglichen Arten zeigen, dass hier erst ein geringer Prozentsatz erfasst ist. Es fehlen insbesondere Daten aus folgenden Familien: Ameisen, Steinfliegen, Köcherfliegen, Wildbienen, und andere.
Spinnen: Die größeren Webspinnenarten dürften weitgehend erfasst sein, weiterhin fehlen dürften z. B. einige Zwergspinnen und Zwergbaldachinspinnen. Das würde allerdings den Einsatz von Hilfsmitteln wie Klopfschirm und Bodenfallen erfordern.
Pilze: Hier sind erst ganz wenige Arten erfasst und bestimmt. Insbesondere die reichlich vorhandenen Baumpilze fehlen.
Säugetiere und Vögel: In diesen relativ überschaubaren Bereichen dürfte meine Artenliste ziemlich vollständig sein.
Es wird damit sicherlich deutlich, dass dort noch sehr viel Arbeit liegt!

Es dürfte deutlich geworden sein, dass mit den 477 (einschl. der unbestimmten Arten) bisher erfassten Spezies erst ein kleiner Teil des wirklichen Artenpotenzials dieses Gebietes bekannt sein dürfte. Die 376 bestimmten Spezies enthalten im übrigen einige Arten mit RL-Status bzw. besonders geschützte Arten.

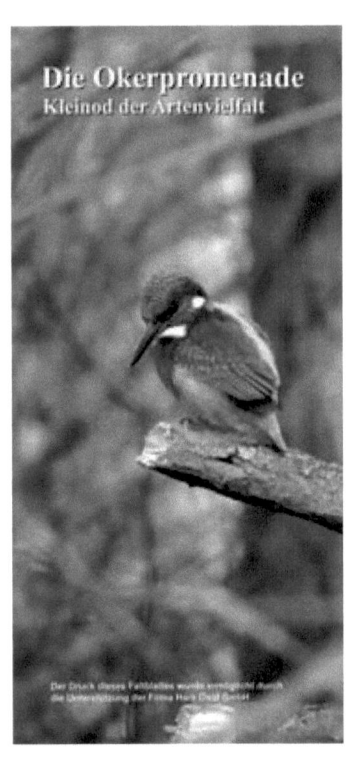

Die Okerpromenade
Kleinod der Artenvielfalt

Das Titelblatt und ein Ausschnitt aus dem Innenteil des im Text erwähnten Faltblattes. Auf der Rückseite des Faltblattes ist ein Satellitenbild der Promenade mit den wichtigsten Stationen zu sehen.

Das Faltblatt soll nicht nur einfach die Wertschätzung der Okerpromenade fördern. Darüber hinaus kann die Darstellung von einigen Pflanzen und Tieren als Anregung gesehen werden, sich möglicherweise auch einmal näher mit der uns umgebenden Natur zu beschäftigen.

Goslar-Oker, im Juli 2021
Gerwin Bärecke

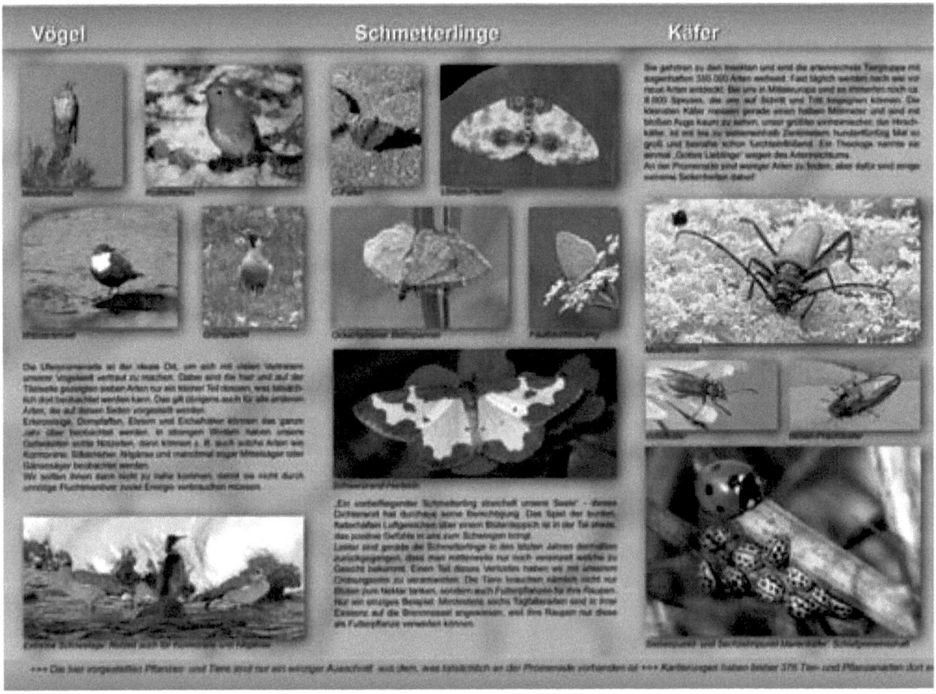
Vögel
Schmetterlinge
Käfer

Die Ankündigung einer weiteren geführten Wanderung an der Okerpromena-de, auf der nächsten Seite ein Teil der Reaktionen kurz nach dem Kahlschlag. Man beachte die Zahl der Kommentare!

 Gerwin Bärecke ▶ Leben in und um Oker!   •••
10. Oktober 2021 · 😊

Der Ruf der Okerpromenade als Hort der Artenvielfalt dringt weiter als gedacht. Am letzten Donnerstag hatte ich auf Wunsch eine Gruppe von über 30 Personen vom Harzclub an der Promenade geführt. Und das war nicht der Harzclub Goslar, sondern Seesen! Übrigens waren alle so angetan, dass gleich ein neuer Termin für den nächsten Mai vereinbart wurde, um die Promenade auch einmal in einem anderen jahreszeitlichen Aspekt zu sehen. Finde ich klasse!
(Das Foto hat mir Wanderführer Ulli Waselewsky freundlicherweise zur Verfügung gestellt!)

👍 32   12 Kommentare

 Gefällt mir

Gerwin Bärecke ▶ Leben in und um Oker!
8. April 2021 · 🌐

Isabel Calderon hat einen lesenswerten Nachruf auf den Teich am Bolzplatz geschrieben. Ich möchte das hier ergänzen.

Ich hatte bereits im Artikel in der GZ darauf hingewiesen, was mit der Wasserqualität des Teiches passieren wird. Zu dem Zeitpunkt hatte man jedoch die Zweige und Äste noch nicht geschreddert. Das ist mittlerweile passiert, aber wo ist das Schreddergut gelandet? Natürlich im Teich. Auch sind alle Äste und Zweige, die ins Wasser gefallen sind, auch dort geblieben.

Ich weiß nicht, was die Verantwortlichen denken (wenn überhaupt), was nun passiert. Der Fäulnisprozess hat trotz der kalten Temperaturen bereits begonnen, wie auf den Bildern zu sehen ist. Trübe Wolken sind bereits im Wasser zu besichtigen. Wenn man dort vorbeigeht, bekommt man auch jetzt schon den einzigartigen Duft der Fäulnissprozesse zu riechen. Wie wird das erst duften, wenn es wärmer wird?

Ich könnte noch sehr viel mehr dazu anmerken, aber dafür ist hier nicht der Platz. Nur eines: Ich fordere die Verantwortlichen auf, sich am Teich einzufinden, wenn die Temperaturen wierder steigen. Das ist die beste Gelegenheit, den einzigartigen Gestank dieser Hinterlassenschaften zu genießen. Dieses Privileg wollen wir Okeraner gerne teilen, wir sind ja gar nicht so.

👍😢😮 22					65 Kommentare

👍 Gefällt mir					💬 Kommentieren

28.08.2021 um 09:30 Uhr ab Chinarestaurant, Straße „Am Sudmerberg"

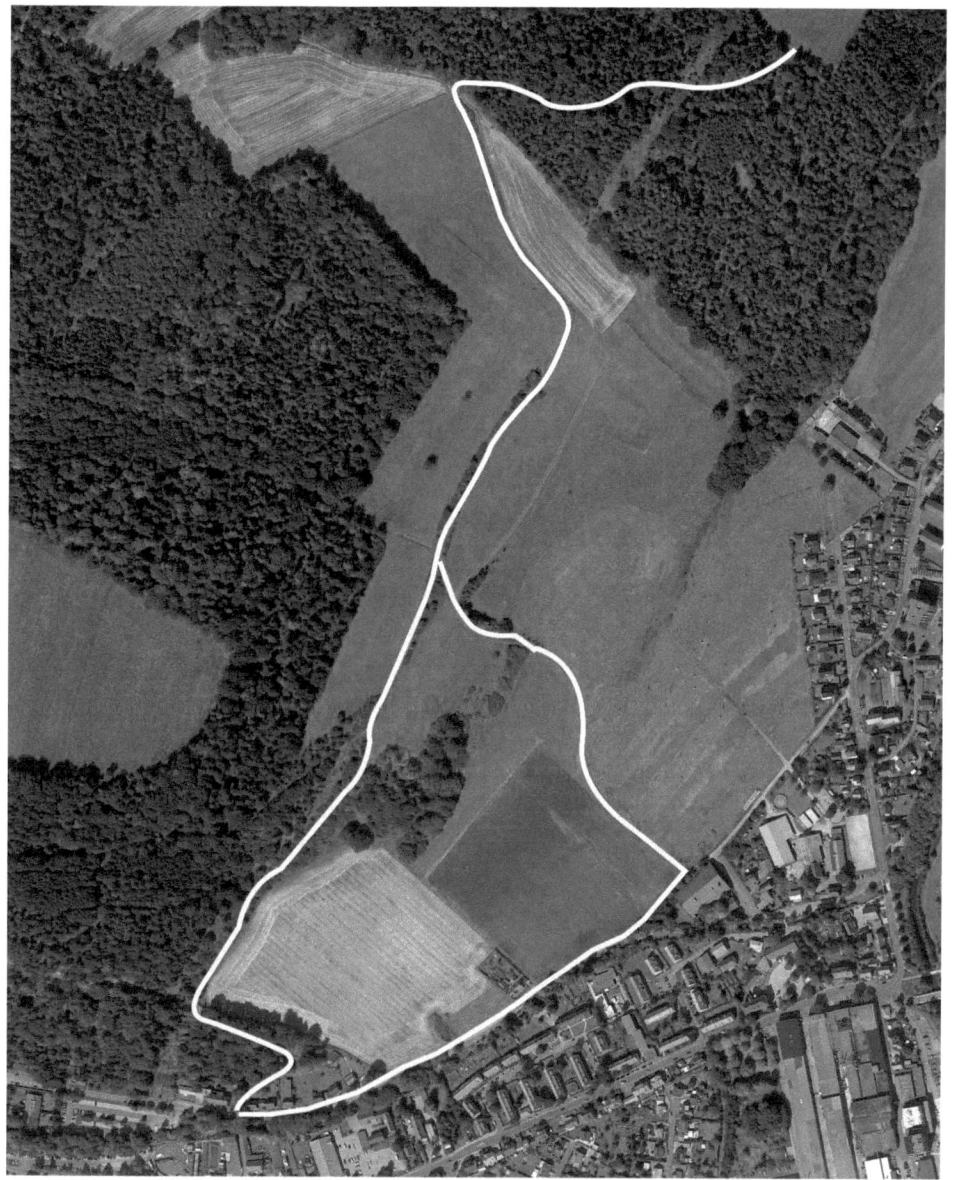

Sudmerberg – Ostflanke

Manche nennen ihn „tafelförmig", für unsere Augen sieht er aus westlicher oder östlicher Richtung eher wie ein Sattel aus – der Sudmerberg. Als einer der nördlichen Vorberge des Harzes sollte er eigentlich optisch und geologisch besser hierher passen – tut er aber nicht. Er ist ein Unikum, das weder zum Harz noch zu den benachbarten Höhenzügen des Harzrandes gehört. Geologisch ist er der Rest einer sogenannten Fastebene, die in tektonisch relativ ruhigen Gebieten entstehen und bei denen das Geländeprofil allein durch Abtragung und Ablagerung allmählich immer mehr verflacht wird. Zu einer solchen, das gesamte nördliche Hügelland überdeckenden Fastebene gehörte der Sudmerberg. Sie lag fast 60 Millionen Jahre unbeeinflusst hier und wurde erst vor geologisch relativ kurzer Zeit (wenige Millionen Jahre) durch tektonische Bewegungen und Erosion mehr und mehr zerstört. Der „Berg", wie er in Oker kurz und bündig genannt wird, ist das Überbleibsel..

Dicke Bänke aus Sandstein, der am Ende des Erdmittelalters vor rund 65 Millionen Jahren hier abgelagert wurde, bilden sein Grundgerüst. Diese Sandsteine sind jahrhundertelang abgebaut worden und zum Bau vieler Gebäude in Goslar verwendet worden. So verdanken unter anderem die Kaiserpfalz, das Ratsgymnasium, die Realschule am Hohen Weg, die Christian von Dohm-Schule sowie das alte Postamt ihre Existenz indirekt einem Vorgang, der vor 65 Millionen Jahren seinen Anfang nahm.

Ein beinahe beliebiges Stück dieses Kalksandsteins in der Hand offenbart eine ganze Welt voller versteinerter Organismen, „Fossilien" also, leider meist nur noch in Trümmern und mit der Lupe zu finden. Dennoch kann der Fachmann hier noch Muscheln, Reste von Seeigeln und Moostierchen erkennen: Hinweise auf küstennahe Ablagerungen und subtropisches Klima. Es gibt allerdings noch weitere interessante Fundstätten. Sie zeigen weitaus jüngere Fossilien, nämlich aus der Weichsel- und der Elster-Eiszeit. Sie sind so charakteristisch, dass sie sogar in die wissenschaftliche Literatur als „Sudmerbergfauna I und II" eingegangen sind.

Blick auf die Ostflanke des Sudmerberges

Den Feldhasen oder auch „Meister Lampe" sah man vor Jahren wesentlich häufiger am Sudmerberg. Ein paar Jahre lang schien er ganz verschollen zu sein.
Seit 2-3 Jahren sieht man doch ab und an mal wieder ein Langohr am Berg.

Es gibt noch einen Meister am Berg, nämlich „Meister Reinecke", den Rotfuchs.
Während der Jungenaufzucht kann man oft die Fähe (das weibliche Elterntier) auf den Feldern und Weiden bei der Jagd beobachten - sogar am hellen Tage.

Die Wald- oder Bergeidechse ist eine der beiden Reptilienarten, die am Sudmerberg zu finden sind.
Vor vielen Jahren soll es auch noch Zauneidechsen gegeben haben, die gelten allerdings heute im Landkreis Goslar als ausgestorben.

Leider fallen viele Blindschleichen ihrer schlangenähnlichen Gestalt zum Opfer. Manche Menschen meinen, eine Schlange vor sich zu haben und erschlagen das Tier (warum auch immer). Tatsächlich gehört die Blindschleiche aber zu den Eidechsen und ist völlig harmlos.

Das war eine große Überraschung und ein Erstfund für Niedersachsen. Es ist ein Europäischer Laternenträger, eine Zikadenart, deren Verwandte eigentlich in den Tropen leben. Ein Verwandter von dort trägt einen leuchtenden Kopfschmuck, daher hat die Familie ihren Namen.

Ebenso überraschend war die Entdeckung dieser Gelben Schornsteinwespe. Auch sie ein Erstfund in Niedersachsen, laut Verbreitungskarten dürfte sie eigentlich gar nicht hier vorkommen. Vermutlich profitiert sie von der Klimaerwärmung.

Die Raupe des Beifuß-Mönchs, einer Nachtfalterart, hat eine beeindruckende Tarnung entwickelt. Sie imitiert fast perfekt das Aussehen der Beifußblüten und ist kaum zu entdecken.

Der Wegerich-Scheckenfalter ist in älterer Literatur vor über 40 Jahren noch am Sudmerberg geflogen, dann hat ihn niemand mehr gesehen. 2020 konnte ich das erste Exemplar bestätigen, kurze Zeit später auch eine Raupe.

Die Gattung Thanatus, zu der auch dieser Herzfleck-Streifenläufer gehört, ist mit 8 Arten bei uns vertreten. Alle 8 stehen auf der Roten Liste und gelten als gefährdet. Mittlerweile habe ich drei Exemplare am Berg nachweisen können.

Sie gehört zu den Glattbauchspinnen, sieht aber aus und benimmt sich auch so wie eine Ameise. Das hat ihr den Namen „Ameisenspinne" eingetragen. Nach der neuesten Nomenklatur heißt sie allerdings jetzt Gewöhnliche Schillerspinne.

Den Hausrotschwanz findet man überall, den Gartenrotschwanz schon erheblich seltener. Ab und zu taucht aber einer auf, so wie dieses Männchen auf dem nebenstehenden Bild!

Der Neuntöter (oder auch Rotrückiger Würger) war und ist regelmäßiger Brutvogel an der Ostflanke des Berges. Die offenen Strukturen mit Büschen und Bäumen entsprechen genau seinen Lebensraumansprüchen. Leider ist die Zahl der Brutpaare zurückgegangen.

Mit dem Ameisenbuntkäfer hat es eine ganz besondere Bewandtnis. Er wird besonders von Forstleuten geschätzt, denn sowohl der ausgewachsene Käfer als auch seine Larven haben es auf Borkenkäfer abgesehen. Die Larven verfolgen die Borkenkäfer sogar bis in die Fraßgänge.

Einen etwas sperrigen Trivialnamen hat der Weißrüsselige Breitrüssler. Es gibt nur ganz wenige Fundorte in Deutschland, die sich im Wesentlichen auf den Südwesten und den Nordosten konzentrieren.
Er hat den Status 3 in der Roten Liste (gefährdet).

Dieser Metallblaue Pilzkäfer ist in Deutschland bisher nur an 4 Stellen gefunden worden, 2 in Mecklenburg-Vorpommern und 2 in Niedersachsen (diesen eingeschlossen). Damit dürfte er der seltenste Käfer am Sudmerberg sein.

Den eindrucksvollen Schwarzen Stachelkäfer betrachtet man am besten durch ein Vergrößerungsglas. Mit seinen ca. 4 mm ist er nicht gerade ein Riese.
Er gehört zu den Blattkäfern und ernährt sich von verschiedenen Pflanzenarten.

Etwas Zahlenwerk:

Die folgenden Artenzahlen beziehen sich ausschließlich auf die Ostflanke des Sudmerberges. Das Plateau, die Westseite sowie die Nordost- und Südwestflanke bleiben dabei unberücksichtigt. Die Artenerfassung erfolgt kontinuierlich seit 2013. Hilfsmittel wie Kescher für Wiesenplankton, Klopfschirme oder Bodenfallen wurden nicht verwendet. Kartiert wurden außerdem nur die Saumbereiche an Wegen, Waldrändern und Feldrainen.

Ich komme (Stand Juni 2021) auf folgende Zahlen:

735 bis zur Art bzw. Artengruppe bestimmte Spezies (Pflanzen, Tiere, Pilze)

ca. 70 unbestimmte Spezies, die am Foto nicht bestimmbar sind, teilweise ist nur die Zugehörigkeit zur Familie oder zur Gattung geklärt.

Pflanzenarten:	101
Gliederfüßer:	521
davon: **Spinnen:**	91
Insekten:	425
Vielfüßer:	5
Säugetiere:	13
Vögel:	74
Reptilien:	2
Mollusken (Weichtiere):	13

Einen deutlichen Bruch sowohl bei den Arten- als auch bei den Individuenzahlen gab es von 2015 auf 2016. Seitdem sinken beide Zahlen kontinuierlich, allerdings nicht mehr so stark.
Am deutlichsten ist der Schwund am Weidezaun zu erkennen, der von der Mehrzwecksporthalle auf den Berg führt. Nur die Gliederfüßer gerechnet, waren es 307 Arten, die ich am Weidezeun feststellen konnte. Zuerst fiel das Fehlen der Spinnen auf. Von bisher dort 31 gefundenen Spezies sind bis heute ganze 7 geblieben, die Individuen buchstäblich an einer Hand abzuzählen. Bei den Käfern sieht es ganz ähnlich aus. Selbst von den Waldeidechsen, die normalerweise an einem Drittel der Pfähle beobachtet werden konnten, fand ich 2016 nur eine einzige, mittlerweile hat sich die Lage bei den Eidechsen etwas entspannt.

Es stellt sich die Frage, was sich gegenüber den anderen Jahren verändert hat. 2016 war ein selten trockenes Jahr, zumindest am nördlichen Harzrand. Die Abzucht war sogar zeitweise ausgetrocknet – ein Phänomen, das ich in den mehr als 40 Jahren nicht erlebt habe, die wir mittlerweile hier wohnen. Gerade der nördliche Harzrand und der Harz selbst galten eigentlich immer als relativ regenreich. Ungewöhnlich waren allerdings sehr viele Tage ohne Wind.

Ansonsten ist lediglich beim Zaunbiotop anzumerken, dass alle Ackerrandstreifen von knapp zwei Meter Breite auf ganze 30 cm Rest weggepflügt wurden. Ich kann mir jedoch nicht vorstellen, dass die ungewöhnlichen klimatischen Bedingungen und der Verlust des Randstreifens einen Effekt wie beschrieben auf die Arten- und Individuenvielfalt haben können. Zum Weidezaun ist noch anzumerken, dass 2018/19 die alten, verwitterten Pfähle zum großen Teil durch neue ersetzt wurden. Das hat noch einmal zum Schwund beigetragen.

Dass es Schwankungen in den Beständen gibt, gerade bei Arthropoden, ist bekannt. Dass diese Schwankungen aber derart extrem sein sollen, war mir bisher nicht bewusst. Auch der Arten- und Individuenschwund ist seit Jahren Thema, aber der schreitet m. W. vergleichsweise langsam voran und ist deshalb in der Feldbeobachtung nur festzustellen, wenn man lange Zeiträume vergleichen kann. Hier geschah der Bruch jedoch von einem zum anderen Jahr.

Merkwürdig ist allerdings in diesem Zusammenhang, dass gerade in den letzten 2-3 Jahren sehr seltene Insekten und Spinnen gefunden wurden. Der Wegerich-Scheckenfalter z. B., erstmals nach über 40 Jahren wiedergefunden. Weitere Insekten und Spinnen profitieren offensichtlich vom Klimawandel und können sich ausbreiten. Es wird interessant, diese Entwicklung in den nächsten Jahren zu beobachten.

Goslar-Oker, August 2021
Gerwin Bärecke

Blick auf den Weidezaun, noch mit den alten, verwitterten Pfählen.

Bericht zur Wanderung an der Ostflanke des Sudmerberges

Samstag, 28. August 2021

Der Himmel verhieß nichts Gutes, als sich die 12 Teilnehmer der Wanderung unter der Leitung von Gerwin Bärecke vom Treffpunkt aus auf den Weg machten. Hauptthemen der Wanderung waren eigentlich Insekten und Spinnentiere. Das relativ kühle Wetter und die graue Drohung von oben ließen jedoch die Hoffnung auf reiche Beobachtungen schwinden – ein Fehlschluss, wie sich herausstellen sollte.

Bereits auf den ersten Metern fiel die ungewöhnlich üppige Vegetation auf. Das vergleichsweise nasse Frühjahr und der ebenfalls nicht gerade trockene Sommer haben in diesem Jahr dafür gesorgt, dass fast alle Pflanzen ungeahnte Wuchshöhen und -dichten erreichten. Das ist für den relativ trockenen Sudmerberg schon bemerkenswert. Der im Vergleich zu den letzten Jahren viele Regen hat zudem noch viel Stickstoff aus der Luft ausgewaschen und in den Boden verfrachtet. Das hat das Pflanzenwachstum zusätzlich gefördert.

Die Topinambur-Pflanzen (*Helianthus tuberosus*), die gleich zu Anfang am Wegrand standen, benötigen derartige Wachstumshilfen allerdings nicht so sehr, erreichen sie doch normalerweise schon Wuchshöhen von bis zu drei Metern. Die

Die Zwitscherschrecke (Tettigonia cantans), ein Weibchen (mit der langen Legeröhre), ist an den kürzeren Flügeln vom ähnlichen Grünen Heupferd zu unterscheiden.

Gemeiner Steinläufer (Lithobius forficatus)

Große Fetthenne (Hylotelephium telephium)

Prächtiger Blattkäfer (Chrysolina fastuosa)

Olivbrauner Zünsler (Pyrausta despicata)

Gemeine Waldrebe (*Clematis vitalba*), die an einer lichten Stelle des Wanderweges alles überwucherte, hat aber offensichtlich vom diesem Wetter profitiert.

Das Erstaunen war groß, als sich trotz der widrigen Bedingungen die ersten Insekten zeigten. Viele Nymphen der Grünen Stinkwanze (*Palomena prasina*) sowie ein Weibchen der beeindruckend großen Zwitscherschrecke (*Tettigonia cantans*) konnten am Wegrand entdeckt werden.

Erwartungsgemäß waren die meisten der Blütenpflanzen entweder bereits abgeblüht oder aber im letzten Stadium der Blüte. Ausnahmen machten der Wasserdarm (*Myosoton aquaticum*), Rainfarn (*Tanacetum vulgare*), Beifuß (Gattung *Artemisia*) und einige andere, so auch der Ackergauchheil (*Anagallis arvensis*), dessen wunderschöne Blüten leider wegen des fehlenden Sonnenscheins geschlossen waren.

Die klare Luft eröffnete allerdings auch ohne Sonnenschein beeindruckende Fernsichten in das Harzvorland und auf die nördlichen Harzrandberge; der Brocken jedoch hatte sich eine Wolkenmütze aufgesetzt.

Mitten auf dem Weg entdeckten die Teilnehmer einen Gemeinen Steinläufer (*Lithobius forficatus*). Das war besonderes Glück, denn diese räuberisch von Insekten lebenden Tiere sind eigentlich nachtaktiv.

Mehrere Baldachinspinnen der Gattung *Linyphia* saßen, Bauch nach oben, unter ihrem Baldachin und warteten auf unvorsichtige Insekten. Sogar eine ganz junge, nur 2 mm große Veränderliche Krabbenspinne (*Misumena vatia*) konnte von einer Teilnehmerin entdeckt werden - ohne Zweifel ein Beweis für sehr gute Augen!

Eine weitere sehr beeindruckende Blütenpflanze konnte von Dr. Florenz Sasse als Große Fetthenne (*Hylotelephium telephium*) bestimmt werden. Die großen Blütenstände hatten sich auch gerade erst geöffnet, so dass sie noch in voller Blüte stand.

Sie gehört zu den Sukkulenten (Dickblattgewächsen), kann also in ihren Blättern sehr viel Wasser speichern.
Aber kehren wir zu den Insekten zurück. Typischerweise auf Hohlzahn-Gewächsen konnte der Prächtige Blattkäfer (*Chrysolina fastuosa*) gefunden werden, allerdings in nur noch geringen Individuenzahlen. Die Saison dieses zu den Blattkäfern gehörenden Krabblers geht dieser Tage dem Ende zu. Seinen Namen allerdings trägt er wohl zu Recht!

Punktierte Zartschrecke (Leptophyes punctatissima)

Was aus der Insektenwelt fehlte, waren eindeutig die Schmetterlinge. Zumindest die großen Tagfalter glänzten durch Abwesenheit; lediglich einige wenige Zünsler und Wickler flogen bei diesen Wetterverhältnissen. Lediglich ein einziger konnte bestimmt werden, weil er sich direkt zwischen die Wanderer auf den Weg setzte: ein winziger Olivbrauner Zünsler (*Pyrausta despicata*).
In größerer Zahl zeigten sich dagegen die Heuschrecken. Neben der bereits erwähnten Zwitscherschrecke waren die Laubheuschrecken (auch: Langfühlerschrecken) mit der Punktierten Zartschrecke (*Leptophyes punctatissima*) und der Gemeinen Strauchschrecke (*Pholidoptera griseoaptera*) vertreten. Die Feldheuschrecken (oder Kurzfühlerschrecken) waren sehr häufig, sie sind allerdings in der Feldbestimmung sehr schwierig. So konnten lediglich Brauner Grashüpfer (*Chorthippus brunneus*) und Wiesengrashüpfer (*Chorthippus dorsatus*) eindeutig bestimmt werden.

Achateule (Phlogophora meticulosa)

Gefleckter Langrüssler (Cyphocleonus dealbatus)

Tagfalter waren zwar nicht zu sehen, ein Eulenfalter machte aber eine Ausnahme. Die Achateule (*Phlogophora meticulosa*) flog allerdings nicht, sondern ruhte am Tage, wie es sich für sie als Nachtfalter gehört. Eine Nessel-Schnabeleule tat es ihr nach, gleich nebenan.
Der wohl bemerkenswerteste Fund der Wanderung waren sicherlich die beiden Exemplare des Gefleckten Langrüsslers (*Cyphocleonus dealbatus*). Bisher nur in der

Spreizflügel-Nesselmotte (Anthophila fabriciana)

Okeraue zwischen Goslar und Vienenburg gefunden, ist dieser seltene Rüssel-käfer (Rote Liste!) nunmehr auch am Sudmerberg nachgewiesen - gefunden von zwei Teilnehmern!

Zu den Kleinschmetterlingen ist noch eine Art nachzutragen, die sehr gerne auf Rainfarnblüten sitzt und seit kurzem zu den Spreizflügel-Motten gehört. Da hat sich die Taxonomie geändert, bisher wurde sie zu den Rundstirnmotten gezählt. Es handelt sich um die Spreizflügel-Nesselmotte (*Anthophila fabriciana*).

Verschiedene Weichwanzen konnten beobachtet werden, Die Baumwanzen waren vertreten durch die Rotbeinige Baumwanze (*Pentatoma rufipes*), die Nördliche Fruchtwanze (*Carpocoris fuscispinus*) und die Schwarzrückige Gemüsewanze (*Eurydema dominula*, auch Schmuckwanze genannt). Auch die hübsche, rot-schwarz gestreifte Streifenwanze (*Graphosoma italicum*) gehört zu den Baumwanzen und fand sich vorwiegend auf Doldenblütlern.

Eine Misstrauen erweckende, sehr dunkle Wolke, die von Westen her langsam über den Berg gezogen kam, bewog uns, die Wanderung abzukürzen und umzukehren. Fast wieder zum Ausgangspunkt zurück, konnten noch zwei Pflanzenarten bestimmt werden, nämlich der Schwarze Nachtschatten (*Solanum nigrum*) und die wunderschön blühende Giftbeere (*Nicandra physalode*), deren Knospen allerdings gerade erst am Aufbrechen waren.

Eine Traubenkirsche (Gattung *Prunus*) verführte einige Teilnehmer zum Probieren der Früchte; über irgendwelche gesundheitlichen Folgen ist aber nichts bekannt.

Unser Vogelkundler Paul Kunze konnte während des Rückweges auf der Pferde-weide am Fuße der Bergflanke noch das Schwarzkehlchen (*Saxicola torquatus*, hat dort ein Brutvorkommen) sowie eine Schafstelze (*Motacilla flava*) beobachten.

Es konnten während der Wanderung u. a. auch Hinweise zur Geschichte des Berges diskutiert werden. So ist z. B. bekannt, dass unmittelbar westlich der Mehr-zwecksporthalle die Fundamente einer alten Kirche sowie die Gräber des Kirch-hofes heute noch im Boden liegen. In den 30er Jahren des vorigen Jahrhunderts fanden dort Ausgrabungen statt, die später allerdings wegen der Pfalz Werla abge-brochen wurden. Bilder davon sind im Stadtarchiv einzusehen.

Der am Osthang hochführende Feldweg soll ein alter römischer „Hellweg" (Han-delsweg) gewesen sein. Auf einem Feld am Fuße des Osthanges wurden sowohl ein römischer Dolchscheiden-Beschlag als auch römische Münzen gefunden, die heute im Goslarer Museum aufbewahrt werden.

Last not least findet man am Berg gelegentlich alte Grenzsteine mit den Initialen KH (Königreich Hannover) auf der einen und HB (Herzogtum Braunschweig) auf der anderen Seite. Am Fuße des Berges verlief deren Grenze!

Text: Gerwin Bärecke
Fotos: Ulrike Bosse, Ingrid und Florenz Sasse, Gerwin Bärecke

Oben: Vielleicht der schönste Fund: Die Raupe des Schwalbenschwanzes (Papilio machaon)
Unten: Angeregte Diskussion um den Fund eines Insekts!

Weitere Bilder von der Wanderung an der Ostflanke des Sudmerberges

Samstag, 28. August 2021

Fotos: Ulrike Bosse

NWV Goslar - Handout zur Exkursion an den Morgen-
sternteichen zwischen Hahndorf und Döhren

09.10.2021 um 09.30 Uhr ab Parkplatz an der K32
zwischen Hahndorf und Döhren

Aufnahme des Bergbaus und Betrieb der Grube Morgenstern 1937 bis 1963

Nachdem die nationalsozialistischen Machthaber im Rahmen ihres Vierjahrespla-
nes Druck auf die deutschen Stahlkonzerne ausübten, begann die VESTAG im
Feld Morgenstern mit Untersuchungs- und Aufschlussarbeiten. Zunächst wurden
ab 1937 insgesamt 9 Untersuchungsbohrungen niedergebracht. Gleichzeitig un-
tersuchte auch die Ilseder Hütte die Lagerstätte nördlich und südlich des Feldes
der späteren Grube Morgenstern. Neben Bohrungen wurde hierzu 1938 ein 720 m
langer Querschlag vom Schroederstollen aus nach Süden aufgefahren, die sogenannte Ohleistrecke.

Bereits 1938 wurde der Bergbau in einem Tagebau aufgenommen. Zur Anwendung kam hierbei der sogenannte Trichterbau, bei dem das Erz eine Böschung in
eine Schrapperrinne hinuntergeschossen wurde. Der Schrapper förderte das Erz
in Rolllöcher, aus denen es über die erste Tiefbausohle in Förderwagen abgezogen
wurde. Nachdem von 1938 bis 1939 im Liegenden der Lagerstätte der Schacht
Morgenstern abgeteuft wurde, wurde über diesen das Tagebauerz wieder zu Tage
gehoben. Der Schacht besaß zunächst einen Holzausbau, war 2,3 Meter mal 4
Meter im Querschnitt und 185 Meter tief. An den Schacht Morgenstern wurden vier
Tiefbausohlen (in 45, 85, 135 und 184 m Teufe) angesetzt und vorgerichtet. Zusätzlich bestanden im Erzlager mehrere tonnlägige Tagesaufhauen. Der untertägige
Abbau begann 1941 im Magazinbau. *Fortsetzung auf S. 8 Wer*

*Blick auf die ehemals zur Grube gehörenden Teiche sowie auf die Fläche des ehemaligen
Tagebaues nördlich davon (s. a. Text!). Links unten in der Bildecke der Parkplatz (Treffpunkt), am rechten Bildrand die große „Weddinger Wiese".*

Nachnutzung als Mülldeponie des Landkreises Goslar 1976 bis 1993

Bereits 1955 zur Betriebszeit des Bergwerkes soll im Tagebau ungeordnet Hausmüll abgelagert worden sein. Von 1963 bis 1968 nutzte das Ehepaar Florentz die ehemaligen Bergwerksanlagen als Entsorgungsbetrieb für Chemikalienabfälle. Dabei wurden Fässer und andere Gebinde unsachgemäß in den Tagebau gestürzt und sogar Flüssigkeiten dort direkt verklappt. Da sich die Betreiber 1968 das Leben nahmen, blieben die Details bis heute im Dunkeln. Aus Sicherheitsgründen ließ der Landkreis 1970 eine Umzäunung anlegen. Am 22. November 1970 ereignete sich im Fasslager innerhalb des Tagebaus ein Großbrand, der erst im Januar 1971 endgültig gelöscht werden konnte.

Trotz dieser Vorgeschichte ließ der Landkreis Goslar als kommunaler Entsorgungsträger 1972 die Eignung des ehemaligen Tagebaus Morgenstern als Hausmülldeponie prüfen. Nach entsprechenden positiven Gutachten von beauftragten Spezialisten pachtete der Landkreis Goslar das Gelände der Firma Florentz bzw. der Grube Morgenstern vom Land Niedersachsen. Nach Abschluss des Planfeststellungsverfahrens am 30. Januar 1976 begann der Landkreis mit der Herrichtung des Geländes und betrieb die Abfallentsorgungsanlage in Eigenwirtschaft bis zu Erschöpfung des Deponieraumes im Jahr 1993. Das kombinierte Gebäude der ehemaligen Schachtfördereinrichtungen und der Vorzerkleinerung diente hierbei als Betriebshof.

Seit Stilllegung der Deponie werden bis heute Nachsorgearbeiten in Form von Grundwasserüberwachungen durchgeführt. So wird unter anderem der Wasserstand im Schacht Fortuna 2 und in einem Tagesaufhauen der Grube Morgenstern monatlich gemessen.

Heutiger Zustand

Der Zechenplatz der Grube Morgenstern liegt östlich der Kreisstraße auf einer Hochfläche. Von den Tagesanlagen des Bergwerkes besteht nur noch das kombinierte Betriebsgebäude, das früher den Schacht und die Fördereinrichtungen beherbergte. An die ehemalige Funktion des Gebäudes erinnern im Dach die noch erkennbaren Abgänge für die Förderseile und die abgedeckte Aussparung für das Fördergerüst.

Anstelle des Tagebaueinschnittes erhebt sich östlich des Zechenplatzes die Müllhalde. Südlich davon liegt der noch vorhandene Morgensternteich.

Seit ca. Oktober 2017 werden Maßnahmen zur Abdeckung der Hausmülldeponie von Fachfirmen durchgeführt. Diese Maßnahmen werden unter anderem mit Boden, Folie und Mutterboden durchgeführt. Ferner werden Maßnahmen zur Oberflächenwasserableitung und Sammlung durchgeführt. Große Teile sind inzwischen saniert.

Artenvielfalt nach Beendigung der Bergbautätigkeit

Die Teiche sowie die umgebenden Waldgebiete haben sich (mit Einschränkungen) zu einem artenreichen Lebensraum mit Mischwaldanteilen, Wasserflächen, Uferbereichen und daraus resultierend sehr vielen Saumbiotopen entwickelt. Abgesehen von der Pflanzenwelt tun sich besonders die Arthropoden (Gliederfüßer) mit vielen Arten hervor. Keine Frage, dass sich etliche davon auf den berüchtigten Roten Listen wiederfinden.

Diie Angeltätigkeit an den Teichen ist für die Naturausstattung kein Problem, zumal der Angelverein sehr darum bemüht zu sein scheint. Probleme sind eher bei der Forstwirtschaft zu beklagen.

Ein erster beeindruckender Frühlingsaspekt wird zweifellos von den Märzenbechern gebildet. Zu Tausenden bedecken sie schon sehr lange vor dem Laubaustrieb den Waldboden. Nicht in jedem Jahr findet man gleichzeitig die etwas später blühenden Schlüsselblumen.

Das Leberblümchen bringt das erste Blau in den Frühlingsaspekt. Nach den langen farblosen Wintermonaten ist das eine Wohltat für die Augen! Wegen seines frühen Blühtermins wird es auch in manchen Bereichen des deutschsprachigen Raumes „Vorwitzchen" genannt.

Im europäischen Mittelalter wird Heilziest in den Pflanzenlisten der kaiserlichen Gärten Karls des Großen 812 erwähnt (Betonie). Als geschätzte Heilpflanze hatte sie dadurch einen Stammplatz in jedem Kloster- und Apothekergarten oder wurde um Kirchen gepflanzt.

Quelle: Wikipedia

Bis zu 3 cm groß wird der beeindruckende Schulterbock. Seinen Namen hat er von den hervortretenden „Schulterecken" der Deckflügel. Auf dem Bild ist ein Weibchen zu sehen, die Männchen wirken durch ihre schwarze Färbung noch eindrucksvoller.

Ebenso wie der Maikäfer, der Pinselkäfer und der Junikäfer gehört auch der Rosenkäfer zu den Blatthornkäfern. Er erreicht mit etwa 2 cm auch ungefähr die Größe eines Maikäfers, hat aber eine deutlich längere Flugzeit und einen coolen Metallic-Look!

Der Blauviolette Tatzenkäfer ist behäbig, aber schon sehr zeitig im Frühling unterwegs und bis in den Spätherbst zu beobachten. Die Weibchen legen im Sommer ihre Eier in Labkraut (Galium) ab, von dem sich sowohl die Larven als auch die Käfer ernähren. Die Käferlarven benötigen 1–3 Jahre für ihre Entwicklung.

Der Echte Widderbock (auch Wespenbock genannt) ist zwar mit maximal 13-14 mm nicht sonderlich groß, aber dafür eine echte Schönheit. Seine Färbung ist wohl ein Musterbeispiel für Mimikry!

Die Dreieck-Krabbenspinne hat zwar einen Status in den Roten Listen. Bei dieser Spinnenart kann es aber sein, dass die wenigen Funde mit ihrer Lebensweise im Kronenbereich der Bäume, vorzugsweise Eichen, zusammenhängen. Diese war wohl heruntergefallen, sie saß auf einer Löwenzahnblüte!

Bei der Großen Feenlämpchenspinne musste ich das kleine Bild ihres Eikokons einklinken. Anders wäre ihr Name kaum zu erklären!
Ohnehin findet man den Kokon i. d. R. sehr viel häufiger als die sehr heimliche Spinne selbst!

Die Gehörnte Kreuzspinne hat ein Problem. Ihr Rückgang und ihre Gefährdung hat mit den modernen Methoden der Forstwirtschaft zu tun. Sie lebt hauptsächlich in den Hochstauden an den Rändern von Waldwegen. Leider werden diese seit einigen Jahren rigoros „rasiert", aus welchen Gründen auch immer.

Den Trivialnamen der Konusspinne muss man sicher nicht erklären, das Bild spricht da für sich. Sie ist zwar recht häufig, aber wegen ihrer Kleinheit nicht leicht zu entdecken. Selbst das relativ kleine Netz ist sehr filigran und für ungeübte Augen so gut wie nicht zu sehen.

Es ist immer wieder eine große Freude, diesen Schmetterling zu beobachten. Der Kleine Eisvogel gilt als gefährdet, in den Wäldern rund um die Morgensterntoiche ist der kleine Gaukler aber noch anzutreffen. Selten hat man allerdings das Glück, dass er mal ruhig sitzen bleibt!

Zu den Raubfliegen zählt die Kleine Mordfliege. Zugegeben, der Trivialname ist ziemlich martialisch. Für Menschen ist sie allerdings völlig harmlos, für ihre Beutetiere, kleinere Insekten, gilt das allerdings nicht. Da ist der Name Programm!

Als ich die Pracht-Kammschnake zum ersten Mal gesehen habe, war ich doch ziemlich erschrocken. Ich wusste noch nicht, dass sie zu den Schnaken gehört, die ja bekannterweise nicht stechen können. Die Weibchen (Bild) können zweieinhalb cm erreichen!

Wer die Brutkammer einer Pillen- oder Lehmwespe zum ersten Mal sieht, denkt vielleicht eher an ein winziges Kunstwerk. Sie mauert darin eine Insektenlarve ein, legt ein Ei darauf und verschließt die Kammer. Hier ist die Larve noch ansatzweise zu sehen.

Heutige Nutzung der Teiche

Die Teiche werden heute vom Angelverein Morgensternteiche genutzt. Im Morgensternteich (d. i. der große Teich) dürfen Vereinsmitglieder sowie Gastangler unter Einhaltung der Vorschriften und Regeln angeln. Die 4 kleineren Teiche werden als Zuchtteiche genutzt; dort darf nur auf Köderfische geangelt werden. Der große Zuchtteich soll lt Vereins-Homepage allerdings in 2022 ebenfalls freigegeben werden.

Wanderer und Besucher der Teiche sind lt. Homepage willkommen und dürfen wohl auch die Bänke an der Hütte zur einer Rast nutzen. Das lohnt sich übrigens fast zu jeder Jahreszeit, denn landschaftlich ist das eine Idylle. Ein Fernglas vorausgesetzt, haben wir dort schon Graugänse, Graureiher, Silberreiher, Reiherenten, Nilgänse und vieles mehr beobachten können. Auch Fischadler sind zur Zugzeit hier manchmal anzutreffen.

Botanisch und in Bezug auf die Gliederfüßer sind die Monate Mai bis Juli sicherlich die interessantesten, das gilt für die Teichlandschaft ebenso wie für die Wälder rundherum.

Goslar-Oker, Oktober 2021
Gerwin Bärecke

Die Texte auf S. 2 und 3 sind Wikipedia entliehen. Satellitenbilder: Google Earth-Pro-Lizenz, alle übrigen Bilder: Autor

Blick auf die Teiche, die 4 Zuchtteiche liegen unmittelbar am Damm.

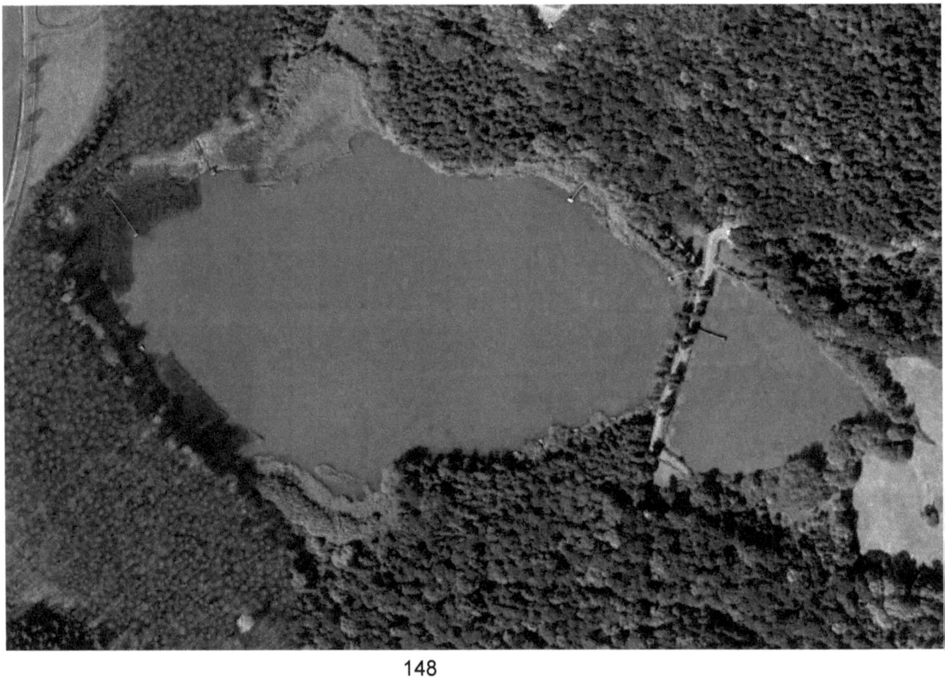

Bericht zur Exkursion an den Morgensternteichen zwischen Hahndorf und Döhren

Samstag, 09. Oktober 2021

Strahlend blauer Himmel und Sonne aus allen Knopflö chern, das waren beste Voraussetzungen, als sich die 17 Teilnehmer der Exkursion unter meiner Leitung vom Treffpunkt aus auf den Weg machten. Die vorhergehnde kalte Nacht mit teils kräftigem Bodenfrost machte allerdings die Aussicht auf Insektenbeobachtungen fraglich, zumal es auch beim Beginn noch recht „maikühl" war.

Zunächst ging es über den ehemaligen Damm des Morgensternteiches. Ehemalig deshalb, weil der Teich noch in den 50er und 60er Jahren des vorigen Jahrhunderts sehr viel größer war. Ich kann mich aus meiner Kindheit erinnern (ich war damals so 5 oder 6 Jahre alt), dass man vom Damm aus über eine riesige Schlammfläche mit beginnender Pioniervegetation auf das Wasser und den Waldrand dahinter sehen konnte.

Es sei hier erwähnt, dass unter anderen jahreszeitlichen Aspekten bereits dieser Teil des Weges sehr interessant wegen der Schmetterlingsfauna ist. Mitte Oktober und nach einer Frostnacht sieht man davon natürlich nichts mehr. Da einige der Teilnehmer zum ersten Mal dort waren, kann ich also nur empfehlen, das Gebiet auch zu anderen Jahreszeiten, sprich etwa Mai bis August, erneut zu besuchen.

Unmittelbar am Wegrand, in der ersten Kurve nach dem Damm, fand sich ein noch blühendes Exemplar der Waldwicke (Vicia sylvatica)!

Leider konnte man an beiden Wegrändern durchgehend beobachten, dass hier die Forstverwaltung, wie fast überall im Landkreis, die Waldwege beidseitig regelrecht rasiert, und zwar regelmäßig. Dabei wird teils sogar die Bodennarbe aufgerissen. Das Problem: Wegränder sind auch im Wald extrem wichtige Saumbiotope, insbesondere für Arthropoden. Stellvertretend für viele steht die Gehörnte Kreuzspinne (*Araneus angulatus*), die einen RL-Status hat. Lt. Einschätzung der Arachnologischen Gesellschaft ist genau diese, seit einigen Jahren praktizierte „Behandlung" der Waldwege dafür verantwortlich. Die Hochstauden entlang der Wege sind nämlich genau der bevorzugte Lebensraum dieser Art. Das gilt ebenso für viele andere

Einen der schönsten Plätze am großen Teich (dem eigentlichen Morgensternteich) erreicht man über den im Text erwähnten Trampelpfad. Die Aussicht dort ist beeindruckend!

Arthropoden. Eine Abbildung der Spinne findet sich im Handout zur Wanderung (s. Downloads).

Kurz vor Erreichen des Dammes, der die Teiche trennt, machten wir einen Abstecher auf einem Trampelpfad durch den Wald. Verschiedene Moose, Baumpilze (darunter auch Birkenporlinge und Waben-Stielporlinge) und erfreulicherweise sehr viel Totholz säumten den Pfad.

Richtung Damm nahmen wir den am Ufer entlangführenden Trampelpfad. Bekannt ist, dass viele Pflanzen im Herbst bzw. Spätherbst eine Nachblüte haben, so dass wir sogar noch blühende Exemplare vom Bunten Hohlzahn (*Galeopsis speciosa*) und der Roten Lichtnelke (*Silene dioica*) finden konnten.

Die Vogelwelt hielt sich deutlich zurück an diesem Morgen. Drei Stockenten und ein Kormoran „bevölkerten" den großen Teich, ein Paar Nilgänse den Aufzuchtteich

Blick vom Damm Richtung Westen über den Morgensternteich

Waben-Stielporling (Polyporus mori)

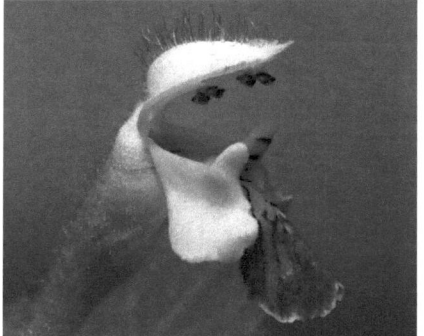

Bunter Hohlzahn (Galeopsis speciosa)

Nilgans (Alopochen aegyptiaca)

östlich des Dammes. Letztere sind Neozoen und werden nicht gern gesehen; wo sie sich niederlassen, verdrängen sie andere, heimische Gänsearten. Sie gelten als aggressiv.

Botanisch wurde es jetzt allerdings am großen Aufzuchtteich etwas interessanter. Große Wasserflächen entlang des Dammes wurden von den großen Schwimmblättern der Weißen Seerose bedeckt, sogar einige noch fast geschlossene Blütenknospen ragten hier und da heraus. Breitblättriger Rohrkolben (*Typha latifolia*) und vermutlich sogar der seltenere Schmalblättrige Rohrkolben (*Typha angustifolia*) standen in Ufernähe. Letzterer konnte allerdings mangels Fruchtständen nicht eindeutig bestätigt werden. Unmittelbar an der Wasserlinie fanden sich Gift-Hahnenfuß (*Ranunculus sceleratus*), noch mit Knospen, und bereits verblühender Ufer-Ampfer (*Rumex maritimus*).

Neben etlichen Pflanzen des Ufer-Wolfstrapps (*Lycopus europaeus*), dessen Blätter zum großen Teil von den Nilgänsen abgefressen waren, fanden sich noch je eine blühende Acker-Kratzdistel (*Cirsium arvense*) und Färber-Hundskamille (*Cota tinctoria*). Vom Bachbungen-Ehrenpreis (*Veronica beccabunga*) waren nur noch die Blätter zu sehen, ebenso wie die vom Wasser-Knöterich (*Persicaria amphibia*), fast Mitte Oktober nicht verwunderlich. Auch der Froschlöffel (Artengruppe *Alisma plantago-aquatica agg.*) war bereits abgeblüht.

Am Ende des Dammes, hinter den beiden kleinen Aufzuchtteichen an der Hütte ging es dann noch einmal auf einem Trampelpfad immer in Ufernähe bis zu einem Angelsteg mit Plattform, an welchem Dr. Agnes Daub bei der Vorexkursion sehr viele Schalen von Teichmuscheln gefunden hatte.

Anhand der Schalendicke vermutete Dr. Daub hier mit hoher Wahrscheinlichkeit die Chinesische Teichmuschel (*Sinanodonta woodiani*). Sie ist u. a. durch die Stärke der Schalen von den heimischen Teichmuscheln zu unterscheiden. Ursprünglich aus Ostasien stammend, gelangte sie in unsere Gewässer hauptsächlich mit dem Besatz an Graskarpfen. Wie fast alle Großmuscheln hat sie ein parasitäres Stadium (Glochidium), in dem sich die Larven (Glochidien) an Flossen, Kiemen oder Haut der Wirtsfische festsetzen. Auf diese Weise wurde sie von Menschen weltweit verbreitet.

Es besteht allerdings auch eine Restwahrscheinlichkeit, dass es sich um die Gemeine Teichmuschel (*Anodonta anatina*) oder die Große Teichmuschel (*Anodonta cygnea*) handelt. Beide Arten sind heimisch und untereinander nur schwer zu unterscheiden.

Ein weiterer Fund weckte ebenfalls großes Interesse bei den Teilnehmern: Der Wasserskorpion (*Nepa cinerea*). Dieses zu den Wasserwanzen zählende Insekt beeindruckt durch seine Gestalt, die in der Tat einem Skorpion nachempfunden zu sein scheint. Der lange Stachel am Hinterende ist allerdings gar keiner, sondern ein Atemrohr. Das vordere Beinpaar ist zu Fangbeinen umgestaltet. Die Imagines überwintern am Grund schlammiger Gewässer und können mehrere Jahre alt werden.

Neben einer jungen Spaltenkreuzspinne (*Nuctenea umbratica*), junger Schilf-Radnetzspinnen (Artengruppe *Larinioides cornutus/suspicax*) und einer Kugelspinne der Gattung *Phylloneta* entdeckte Paul Kunze noch im Schlamm des Uferbereichs die Fährte eines Waschbären, bevor es wieder zurück zum Parkplatz ging.

Fotos: Dr. Agnes Daub, Ulli Waselewsky, Gerwin Bärecke

Links eine aufgeklappte Schale der Teichmuscheln mit der perlmuttüberzogenen Innenseite, links die Waschbärfährte im Uferschlamm. Möglicherweise hat er sich an den Muscheln vergriffen...!

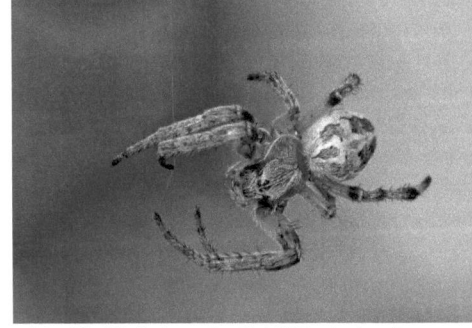

Links: Einer der Wasserskorpione (Nepa cinerea), rechts: Ein Weibchen der Schilf-Radnetzspinne (Artengruppe Larinioides cornutus/suspicax)

Gewöhnlicher Froschlöf-
fel (Artengruppe Alisma
plantago-aquatica agg.)

Acker-Kratzdistel   (Cirsium
arvense)

Ufer-Ampfer (Rumex maritimus)

Blick vom Damm Richtung Westen entlang des Nordufers über den Morgensternteich

Wasser – Lebenselement und Lebensraum

Eine ganz besondere Flüssigkeit...

Es ist eine Binsenweisheit: Ohne Wasser kein Leben, zumindest nicht in der Form, die wir kennen. Die Erkenntnis ist so banal, dass wir sie aus unseren Alltagserfahrungen völlig verdrängt haben. Es ist zumindest in unseren Breiten selbstverständlich, dass immer genügend Wasser für alle möglichen Verwendungszwecke verfügbar ist. Selbst die Tatsache, dass sogar unser Körper zu ca. 50 % aus Wasser besteht, ist uns nur selten wirklich bewusst. Vielleicht ist es die Banalität der Erkenntnis, die unseren leichtfertigen Umgang mit der kostbaren Substanz zumindest teilweise erklärt.

Nach allem, was wir wissen, ist das Leben auf unserem Planeten überhaupt erst im Wasser entstanden. Zwei der wichtigsten Eigenschaften des Wassers haben dabei eine entscheidende Rolle gespielt. Eine davon ist jene, sehr viele Stoffe lösen zu können. Die andere ist, dass die feste Form, das Eis, eine geringere Dichte hat als die Flüssigkeit. Dadurch schwimmt Eis auf dem Wasser und verhindert so, dass Gewässer vom Grund her gefrieren. Das wäre ziemlich fatal für alle Wasserorganismen und hätte zweifellos die Entwicklung des Lebens mindestens verzögert.

Gerade im Harz und am nördlichen Harzrand ist die Natur im Normalfall durchaus mit Wasser gut versorgt. Quellen, Bäche, Flüsse und Teiche sind noch vorhanden, obwohl in der Vergangenheit vieles verlorengegangen ist. In wirklich natürlichem Zustand ist fast keines unserer Oberflächengewässer mehr, aber einige kommen dem noch nahe. Einen gewissen Ausgleich zum Verlust bilden die in den letzten Jahrzehnten durch Kiesabbau entstandenen Teiche in den Flussauen von Oker und Innerste. Sie ersetzen teilweise die Altwässer, die sich an Flusssystemen mit ungebrochener Dynamik immer wieder bilden. Allerdings haben wir aktuell die Situation, dass klimabedingter Wandel sowie der Eintrag von Stoffen, die nicht in Gewässer gehören, ganz große Probleme bereiten. Extreme Dürren, Hochwasserereignisse nach Stark- oder Dauerregen, Nitrateintrag und vieles mehr sind Warnzeichen für die Gefährdung der Gewässer. All das bedroht das Wasser als Lebenselement und Lebensraum für die Natur und damit ganz direkt auch Gesundheit und Leben der Menschen. Wir müssen zwangsläufig und kurzfristig die Problematik sehr ernst nehmen und schnellstmöglich unseren Umgang mit dem Lebenselement Wasser ändern – oder wir werden es teuer bezahlen.

Vogelwelt und Wasser

Wasser ist nicht nur lebenswichtig, sondern auch Lebensraum. Bäche, Flüsse, Tümpel, Teiche und Seen bergen eine Fülle von Lebensformen – und das nicht nur im Wasser selbst. Die Wasseroberfläche, die Uferzonen und sogar die nähere Umgebung müssen in die Betrachtung einbezogen werden. Beginnen wir mit dem sichtbarsten dieser Aspekte, der Wasseroberfläche. Die markantesten Lebewesen, die wir dort beobachten können, sind ganz sicher die Vögel. „Wasservögel" nennt man sie, das ist allerdings kein wissenschaftlicher Begriff. Hier werden völlig unterschiedliche Arten zusammengefasst, die lediglich eines gemeinsam haben, nämlich Schwimmhäute zwischen den Zehen. Schwäne, Gänse, Enten und Blässhühner, um nur einige zu nennen, gehören dazu. Sie sind zweifellos die auffälligsten Wasservögel und fast auf jedem Teich anzutreffen.

Wasseramsel (oben), Eisvogel (unten)

Wir wollen uns hier mit zwei Vogelarten beschäftigen, die zwar nicht zu den Wasservögeln gehören, aber direkt vom Vorhandensein offener Gewässer abhängig sind. Die Rede ist von Eisvogel und Wasseramsel. Ersteren kennt sicherlich jeder, mindestens von Fotos oder Filmen her. Er ist ein hochspezialisierter Fischjäger, verschmäht aber auch keinen Molch oder auch mal eine Kaulquappe. Er beobachtet seine Beute von einem Ansitz aus und stößt mit einem blitzschnellen Tauchstoß nach ihr. Was er nicht kann, ist, seine Nahrung an Land zu suchen. Das kann in harten Wintern durchaus vielen Eisvögeln das Leben kosten; so geschehen Anfang der 60er Jahre des vorigen Jahrhunderts. Achtundneunzig Prozent der Eisvögel sind damals verhungert. Zwanzig Jahre dauerte es, bis sich die Population wieder erholt hatte.

Die Wasseramsel trägt ihre Abhängigkeit sogar schon im Namen. Sie ist etwas kleiner als ein Star, schlicht braun und hat einen weißen Kehlfleck. Auch sie fängt ihre Nahrung fast ausschließlich unter Wasser, im Gegensatz zum Eisvogel jedoch Wasserinsekten und vor allem deren Larven. Dazu gehören beispielsweise die Larven von Köcherfliegen und Steinfliegen, hier und da sicher auch ein Flohkrebs. Sie

Rückenschwimmer

ist jedoch kein Stoßtaucher wie der Eisvogel, sondern unternimmt längere Tauchgänge. Dabei „fliegt" sie quasi, denn sie nimmt ihre Flügel zu Hilfe, immer gegen die Strömung. Das ist einmalig in unserer Vogelwelt. Ihre Bestände hatten sich in der Vergangenheit erholt, weil unsere Flüsse und Bäche sauberer wurden. Aktuell ist sie allerdings durch den Insektenschwund wieder potenziell gefährdet.

Wasserbewohner mit sechs Beinen

Großlibellenlarve

Damit sind wir bei den Insekten angekommen. Etliche der Sechsbeiner leben als Imagines, als fertige Insekten, im Wasser. In der Hauptsache sind das Käfer; der Gelbrand- und der Große Kolbenwasserkäfer gehören sogar zu den größten ihrer Art. Sowohl ihre Larven als auch die Käfer leben räuberisch, das Nahrungsspektrum reicht von Insektenlarven über Kaulquappen bis zu kleinen Fischen.

Zweigestreifte Quelljungfer

Neben den Käfern haben sich beispielsweise auch einige Wanzenarten auf das Leben im Wasser oder zumindest auf dessen Oberfläche spezialisiert. Zu ihnen gehören Schwimmwanzen, Rückenschwimmer und die allseits bekannten Wasser- und Teichläufer. Letztere nutzen eine besondere Eigenschaft der Flüssigkeit: die Oberflächenspannung. Sie ermöglicht in Verbindung mit einer entsprechenden Gestaltung der Füße, dass die Tierchen auf dem Wasser laufen können – was ihnen ja auch den Namen eingetragen hat. Auch der seltsam anmutende sogenannte Wasserskorpion gehört zu den Wanzen – das zu Fangbeinen umgebildete vordere Beinpaar sowie das Atemrohr am Hinterende verleihen ihm eine entfernte Ähnlichkeit mit Skorpionen, was seinen Trivialnamen erklärt.

Gemeine Wasserläufer

Die im Wasser oder auf dessen Oberfläche lebenden Vollinsekten sind jedoch nur ein kleiner Teil der wasserbewohnenden Insekten. Wesentlich mehr Spezies verbringen ihr Larvenstadium im Wasser und leben als fertige Insekten ausschließlich außerhalb des Wassers. Die bekanntesten Vertreter dieser Lebensweise sind die Libellen. Ihre Larven können sich ausschließlich im Wasser entwickeln, dort leben sie, wie auch die Käferlarven, räuberisch mit einem ähnlichen Beutespektrum. Besonders beeindruckend sind die Larven der Großlibellen, die eine Länge von bis zu 6 cm erreichen können. Je nach Spezies, Gewässertyp und Nahrungsangebot kann die Larvenentwicklung mehrere Jahre in Anspruch nehmen. Zur finalen Reifungshäutung klettern sie an einer Pflanze aus dem Wasser, und aus der Larvenhülle schlüpft schließlich das nicht minder beeindruckende Insekt. Die räuberische Lebensweise behalten sie bei – Libellen sind geschickte Insektenjäger. Ansonsten erinnert nichts mehr an ihre Lebensweise als Larve unter der Wasseroberfläche. Lediglich zur Vollendung ihres Lebenszyklus kehren sie nach der Paarung zur Eiablage ans Wasser zurück.

Es gibt außer den Libellen natürlich noch sehr viel mehr Sechsbeiner, deren Jugendstadien sich im Wasser entwickeln. Die Larven von vielen Steinfliegen beispielsweise leben in Fließgewässern wie z. B. der Oker, genau wie die Larven von Köcherfliegen. Da viele eine ansehnliche Größe erreichen, stellen sie eine wichtige Nahrungsquelle beispielsweise für die schon erwähnte Wasseramsel dar. Oder auch für Fische, denn Bachforellen werden einen solch fetten Happen sicher nicht verschmähen. Stehende Gewässer wiederum beherbergen u. a. die Larven von Eintagsfliegen, die allein aufgrund ihrer schieren Zahl sowohl als Larven als auch Vollinsekten eine wichtige Nahrungsquelle für viele Vogelarten sind. Einige Arten von Waffenfliegen haben sich in ihrer Evolution ebenfalls an diese Lebensweise angepasst. Lässt man einmal die Wissenschaft außer Betracht, könnte man die Lebensweise dieser letztgenannten Insektenfamilien beinahe als „amphibisch" bezeichnen.

Frosch, Kröte, Molch und Salamander

Alle in der Zwischenüberschrift genannten Tiere haben eines gemeinsam: Ihre Jugend verbringen sie im Wasser, ansonsten aber leben sie an Land. Das setzt ganz besondere Eigenschaften voraus; die Kaulquappen von Fröschen und Kröten sowie die Larven von Molchen und Salamandern sind Kiemenatmer, erst mit Abschluss der Metamorphose zum erwachsenen Tier stellen sie sich auf Lungenatmung um. Deshalb nennen

Teichmolch, Männchen

wir sie „Amphibien". Das Wort ist aus dem Altgriechischen abgeleitet und bedeutet soviel wie „doppellebig". Wissenschaftlich charakterisiert der Begriff alle Landwir-

Erdkröte ruht unter Wasser nach dem Ablaichen

beltiere, die sich nur im Wasser fortpflanzen können. Deshalb passt der Begriff auch nur als Analogie auf Insekten, denn die sind bekanntlich keine Wirbeltiere.

Mindestens einmal im Jahr wird uns allen drastisch vor Augen geführt, dass diese Lebewesen ein „Doppelleben" führen. In jedem Frühjahr, wenn die Nachttemperaturen ein bestimmtes Wärmeniveau erreichen und Regen einsetzt, ziehen die Amphibien aus ihren Überwinterungsarealen, in der Regel Wald, zu den Fortpflanzungsgewässern. Dazu müssen sie in den meisten Fällen Straßen überwinden. Das Resultat sind unendlich mühselige und aufwändige Rettungsaktionen von Naturschützern oder Tausende überfahrener Kröten, Frösche oder Molche.

Wir haben bei Planung und Bau von Straßen diese Tatsachen schlicht und einfach ignoriert. Es gibt durchaus straßenbautechnische Lösungen, die dieses alljährliche Massaker verhindern oder wenigstens massiv reduzieren würden – auch für bereits bestehende Verkehrswege. Offensichtlich ist aber den Verantwortlichen der ganze Sachverhalt nicht wichtig genug – und so wird die Trennung ihrer Land- und Wasserlebensräume für sehr viele Tiere zum Verhängnis. Man muss kein Experte sein, um zu wissen, was mit einer Tierpopulation passiert, bei der ständig ein großer Teil des Nachwuchses verhindert wird.

Alle Pflanzen brauchen Wasser ...

Seerosenteppich

… wie jeder weiß, der einen Garten betreut – eine weitere Banalität. Aber es gibt Pflanzen, die nicht nur sporadisch Gießkanne oder Regen brauchen, sondern ausschließlich mitten im Wasser gedeihen, bzw. ständig „nasse Füße" brauchen oder wenigstens dauernd feuchten Boden. Die wissenschaftliche Einteilung folgt in etwa diesen Kriterien, natürlich weitaus differenzierter. Für uns soll die einfache Einteilung genügen.

Die Gelbe Teichrose (auch „Mummel") und die Weiße Seerose kennt eigentlich jeder. Fest im Teich- oder Seeboden verwurzelt, reichen die Sproßachsen bis zur Wasseroberfläche. Dort werden jeweils großflächige Schwimmblätter ausgebildet; das stellt die Assimilation (die Produktion von Zucker aus Kohlendioxid mittels Wasser und Sonnenlicht) sicher. Es gibt allerdings auch Pflanzen, die sogar unter Wasser assimilieren können, wie z. B. das Tausendblatt.

Wasser-Hahnenfuß

Ständig „nasse Füße" brauchen beispielsweise der Rohrkolben (der mit den „Zigarren" im Spätsommer) oder das Schilf (mit den „Wedeln" oben). Auch einer unserer schönsten Blumen geht es so, der gelb blühenden Wasserschwertlilie. Ohnehin gibt es eine Vielzahl von Pflanzen, die im und am Wasser wachsen; einige tragen diese Eigenschaft sogar in ihrem deutschen Namen: Wasserminze, Wasserdost, Wasserschwaden, Wasserpest und wie sie alle heißen.

Sie alle sind für die Gewässerökologie unverzichtbar, das sei hier einfach behauptet. An dieser Stelle soll allerdings auf einen ästhetischen Aspekt hingewiesen werden. Man stelle sich ein Gewässer ohne jeden Pflanzenwuchs vor, weder im Wasser noch im Uferbereich. Genau, das wäre ein schlechterer Swimming-Pool. Es wären nämlich nicht nur keine Pflanzen da, es fehlte auch jegliches Tierleben. Ein toter Lebensraum, so widersinnig sich das auch anhört, ist das Resultat. Das ist die ökologische Seite. Die andere Seite ist unser ästhetisches Empfinden. Das hat sich im Laufe der Evolution entwickelt, und zwar im Zusammenspiel mit unserer natürlichen Umwelt. Wir empfinden den Anblick eines Teiches mit Uferbewuchs und Wasserpflanzen, darüber schwebenden Libellen und Blüten besuchenden Schmetterlingen als schön, und das sogar unabhängig von unserem kulturellen Hintergrund. Eine Ansammlung von Wasser irgendwo in einer kahlen Landschaft würde wohl kaum jemand als ästhetisch empfinden. Die Frage bleibt: Warum behandeln wir unsere Gewässer oft so, als wären sie nur eine Grube voller Wasser und sonst nichts?

In der Tat ist jedes Gewässer ein Hort des Lebens und der Artenvielfalt. Das bedeutet aber nicht nur, dass sauberes Wasser und Artenvielfalt für uns buchstäblich lebenswichtig sind. Es bedeutet auch, dass diese Dinge für unsere Psyche wichtig sind. Wir verarmen innerlich immer mehr in unserer hypertrophierten Konsumgesellschaft. Wir brauchen die Natur, um auch mal „die Seele baumeln" zu lassen. Das geht am Besten im Wald oder am Wasser!

Notizen:

Gepanzerte Schönheiten - Käfer am Nordharzrand

Vortrag zur Jahreshauptversammlung des Naturwissenschaftlichen Vereins Goslar am 16.02.2022 im Goslarer Museum

Gerwin Bärecke

Scharlachroter Feuerkäfer (*Pyrochroa coccinea*)

Käfer...

- existieren seit mindestens 240 Millionen Jahren
- stellen rund ein Viertel aller bekannten Tierarten
- stellen ca. 380.000 Taxa, 179 Familien weltweit
- stellen ca. 8.000 Taxa in D
- aktuell am Nordharzrand von mir gefunden: 306 Taxa, davon 25 mit Rote Liste-Status
- wurden von einem Theologen „Gottes Lieblinge" genannt wg. Artenzahl und Vielfalt
- variieren von ca. 0,5 mm bis 170 mm weltweit
- und von ca. 0,5 mm bis 75 mm in Deutschland
- besiedeln alle Kontinente außer der Antarktis
- eroberten alle Lebensräume außer Salzwasser
- sind als Destruenten, Schädlingsvertilger, Bestäuber und Nahrungsbasis von immenser ökologischer Bedeutung

Am Beispiel des Scharlachroten Feuerkäfers (*Pyrochroa coccinea*) ist die Dreiteilung im Körperbau gut zu erkennen: Kopf, Prothorax, Abdomen. Auffällig ist, dass zwei Beinpaare am Abdomen zu sitzen scheinen (s. nebenstehenden Text!).

Ancistronycha cyanipennis (*Ancistronycha cyanipennis*) zeigt die zum Start und Flug schräg nach oben aufgeklappten Deckflügel (Elytren), das erste Flügelpaar, sowie das normalerweise unter den Deckflügeln verborgene, zusammengefaltete zweite Flügelpaar. Dieser Käfer gilt als sehr selten (1 Fund in Nds.).

Auch hier ist die Abweichung zum „normalen" Körperbau von Insekten zu erkennen. Bei allen anderen Insekten sitzen die drei Beinpaare am Thorax. Das ist auch bei den Käfern so; nur hat sich hier das erste der ursprünglichen drei Segmente im Laufe der Evolution als Prothorax entwickelt, während die zwei restlichen Segmente sowohl mit den dazugehörigen Beinpaaren als auch mit beiden Flügelpaaren mit dem Abdomen verschmolzen sind. Das ist bei vielen Käferarten jedoch nur von der Unterseite erkennbar, bei manchen Arten gar nicht mehr.

Unheimliche Begegnung (Ich schau dir in die Augen, Kleines...!) Diese Turnübung der Wespe schafft aufgrund des Bauplanes kein Käfer!

Sechzehnpunkt-Marienkäfer (*Tytthaspis sedecimpunctata*)

Zweiundzwanzigpunkt-Marienkäfer (*Psyllobora vigintiduopunctata*)

Licht-Marienkäfer (*Calvia decemguttata*)

Vierfleckiger Kugel-Marienkäfer (*Exochomus quadripustulatus*)

Fünfpunkt-Marienkäfer (*Coccinella quinquepunctata*)

Asiatischer Marienkäfer (*Harmonia axyridis*), Foto: Volker Edelmann

Schöner Marienkäfer (*Sospita vigintiguttata*) RL

Vierundzwanzigpunkt-Marienkäfer (*Subcoccinella vigintiquatuorpunctata*)

Vierpunkt-Marienkäfer (*Harmonia quadripunctata*)

Sechzehnfleckiger Pilz-Marienkäfer (*Halyzia sedecimguttata*), RL

Vierzehnpunkt-Marienkäfer (*Propylea quatuordecimpunctata*)

Marienkäfer

Elf der dreiundachtzig Arten von Marienkäfern, die in Deutschland heimisch sind. Viel davon sind extrem variabel, was die Färbung und die Verteilung und Größe der Flecken angeht.
Die größte Variationsbreite zeigt dabei allerdings eine invasive Spezies: der Asiatische Marienkäfer (*Harmonia axyridis*).

Gemeiner Rosenkäfer (*Cetonia aurata*), kann die Hinterflügel an der Aussparung unter den Deckflügeln hervorschieben, die Deckflügel bleiben daher im Flug geschlossen

Grüner Edelscharrkäfer (*Gnorimus nobilis*), RL, bis 18 mm, bevorzugte Blütenpflanze der Imagines: Echtes Mädesüß

Trauerrosenkäfer (*Oxythyrea funesta*) RL in verschiedenen Bundesländern, deutschlandweit angeblich nicht gefährdet

Pinselkäfer (Trichius gallicus) RL, eine von drei Arten in D. sowie eine von zwei bestätigten im Harzvorland

Junikäfer (*Amphimallon solstitiale*) können bei Massenauftreten ziemlichen Schaden anrichten. Die grauen Flächen im Rasen (nebenstehendes Bild): Wurzelfraß durch Engerlinge, Waschbären haben dann umgegraben auf der Suche nach den Engerlingen. Der Käfer ist unten rechts abgebildet.

Blatthornkäfer

Zu ihnen zählen Maikäfer, Junikäfer, Rosenkäfer, Pinselkäfer sowie viele Dungkäfer und einige mehr. Nach menschlichen Maßstäben werden einige der Pflanzenfresser als ernste Schädlinge eingestuft.

Gelbrandiger Kreuzkraut-Erdfloh (*Longitarsus dorsalis*), ca, 1,5 mm, hier nach einer Frostnacht im November gefunden

Blauvioletter Tatzenkäfer (Timarcha goettingensis), mit bis zu 11 mm einer unserer großen Blattkäfer

Rainfarn-Blattkäfer (*Galeruca tanaceti*), Eiablage; sehr häufig. Die Eipakete (Ootheken) werden schwarz und steinhart.

Schwarzer Stachelkäfer (*Hispa atra*), ca. 3-4 mm, trotz seines Namens und Aussehens ist er ein Blattkäfer, kein Stachelkäfer

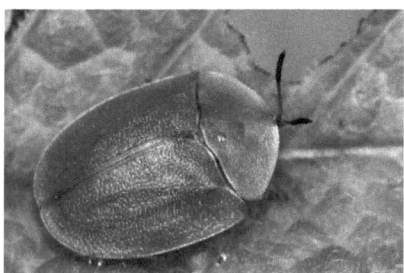

Grüner Schildkäfer (*Cassida viridis*), bis 10 mm, häufig, aufgrund Farbe und Form aber schwer zu finden

Kartoffelkäfer *(Leptinotarsa decemlineata)*, alle Funde bisher im Wald (Grauhöfer Holz) und auf Brennnessel

Blattkäfer

sind mit 522 in D. vorkommenden Arten eine recht große Käferfamilie. Die Imagines ernähren sich von Pflanzen, auf denen sie meist auch zu finden sind. So groß wie die Familie ist auch die Farben- und Formenvielfalt. Der Kartoffelkäfer bildet hier allerdings die Ausnahme. Er ist im 19. Jahrhundert wohl mit amerikanischen Saatkartoffeln eingewandert. Normalerweise fressen Käfer und Larven an Nachtschattengewächsen, meine Funde von Imagines am Nordharzrand waren seltsamerweise alle im Laubmischwald und dort auf Brennnessel.

Ameisen-Sackkäfer (*Clytra laeviuscula*), ca. 8-10 mm, sehr häufig an Grasrispen oder -stängeln

Schwarzer Moderkäfer (*Ocypus olens*), mit bis zu 35 mm einer größten Kurzflügler unserer Käferfauna. Der aufgerichtete Hionterleib ist eine Drohgeste.

Der Drachenkurzflügler (*Platydracus stercorarius*) lebt räuberisch und ernährt sich vorwiegend von Fliegenlarven. Er ist häufig in der Nähe der Gemeinen Rasenameise anzutreffen.

Kurzflügler

sind mit über 1.500 Arten die größte Käferfamilie in Deutschland. Viele der kleineren Arten sind tagaktiv, viele der größeren nachtaktiv. Die meisten ernähren sich räuberisch, einige auch von Pilzen. Die Bestimmung ist bei den meisten Gattungen extrem schwierig und erfordert Expertenwissen. Man geht davon aus, dass viele Arten auch noch gar nicht beschrieben sind.

Scheinbockkäfer

Blaugrüner Schenkelkäfer (*Oedemera nobilis*), bis 10 mm, sehr häufiger Blütenbesucher. Weibchen ohne verdickte Schenkel. Es gibt einige ähnliche Arten, die jedoch alle habituell bestimmbar sind.

Stachelkäfer

Stierkopf-Stachelkäfer (*Tomoxia bucephala*), bis 8,5 mm, ernährt sich von Pollen. Er ist die einzige Art der Gattung in D, die Larven entwickeln sich durchpilztem Laubholz. Viele andere Arten der Familie sind sehr schwer zu bestimmen.

Diebskäfer

Totenuhr, Rotzottiger Pochkäfer (*Xestobium rufovillosum*), bis 7 mm. Das Männchen lockt Weibchen, indem es mit dem Halsschild gegen Holz klopft. In alten Fachwerkhäusern geschah das häufig, der Volksglaube machte daraus die Totenuhr.

Wollhaarkäfer

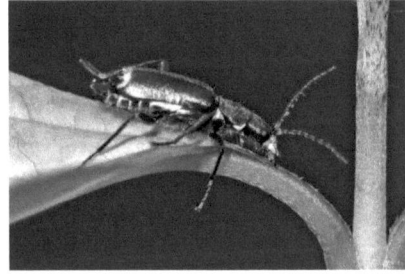

Gelbstirniger Warzenkäfer (*Clanoptilus elegans*), RL, leicht zu verwechseln mit den Zipfelkäfern der Gattung *Malachius*, deren Flügeldeckenspitzen jedoch rot sind. Angeblich fehlt die Art nördlich der Mittelgebirge!

Der Feld-Sandlaufkäfer (*Cicindela campestris*) leidet unter dem Verlust seines Lebensraumes. Er braucht offene, trockene Flächen mit spärlichem Bewuchs. Die Larve lebt in Erdröhren und wartet auf unvorsichtige Insekten.

Laufkäfer

Viele Großlaufkäfer (Gattung Carabus) sind flugunfähig. Ihre Flügeldecken sind an der Naht zusammengewachsen, das zweite Flügelpaar hat sich oft zurückentwickelt.

Schnellkäfer

haben zwischen Thorax und Abdomen ein Schnappgelenk. Damit können sie sich bis zum 50-fachen ihrer Körperlänge in die Höhe oder Weite schnellen.

Goldlaufkäfer, Goldschmied (*Carabus auratus*), bis 30 mm, sowohl Käfer als auch Larven leben räuberisch. Die Imagines sind flugunfähig.

Buntkäfer

sind eine recht kleine Familie mit 24 Arten in Deutschland. Viele Arten sind bedroht, der Ameisenbuntkäfer (Bilder unten) zählt nicht dazu.

Purpurroter Schnellkäfer (*Anostirus purpureus*), bis 14 mm, einer der schönsten Schnellkäfer, an Holunder und Weiden zu finden

Seidenhaariger Schnellkäfer (*Prosternon tessellatum*), bnis 12 mm, Grundfarbe schwarzbraun, das Muster entsteht durch die Behaarung

Ameisenbuntkäfer (*Thanasimus formicarius*), bis 10 mm, soll im Habitus an eine Waldameise erinnern

Der Ameisenbuntkäfer jagt, wie auch seine Larven, nach Borkenkäfern. Seine Mundwerkzeuge sind entsprechend angepasst.

167

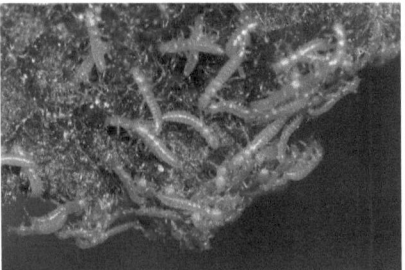

Schwarzblauer Ölkäfer (Meloe proscarabaeus), erstes von 7 Larvenstadien (L1),
Triungulin (Dreiklauer) genannt, ca. 1,2 mm

Schwarzblauer Ölkäfer (*Meloe proscarabaeus*), bis
35 mm, Larven parasitieren bei Wildbienen

Ölkäfer,

auch Maiwürmer genannt, haben einen extrem komplizierten Entwicklungszyklus, der über 7 Larvenstadien geht. Die Larven entwickeln sich ausschließlich in Nestern von Erdbienen, sie lauern auf Blüten und klammern sich an den Bienen fest. Erwischen sie versehentlich ein anderes Insekt (auch Honigbienen), sterben sie.

Gemeiner Mistkäfer (*Geotrupes stercorarius*),
bis 18 mm, kann als einziger Mistkäfer „singen", wenn man ihn berührt

Wald-Mistkäfer (*Anoplotrupes stercorosus*),
bis 15 mm, sehr häufig an Pferdemist auf
Reitwegen im Wald anzutreffen

Mistkäfer

sind eine sehr kleine Familie mit nur 11 Arten in Deutschland, von denen allerding einige schwer bis zur Art zu bestimmen sind. Sie sind wichtige Destruenten organischen Materials.

Schröter

sind eine noch kleinere Familie mit nur 7 Arten in Deutschland. Zu ihnen gehört unser größter einheimischer Käfer, der Hirschkäfer. Er wird bis zu 75 mm lang.

Balkenschröter (auch: Kleiner Hirschkäfer,
(*Dorcus parallelipipedus*), bis 32 mm, ähnelt
einem Hirschkäferweibchen.

Kopfhornschröter (*Sinodendron cylindricum*),
RL, bis 12 mm, hier ein Weibchen. Die Männchen haben ein größeres Horn.

Rotfüßiger Klee-Spitzmausrüssler (*Protapion fulvipes*), gehört mit 2 mm zu den kleinsten der Unterfamilie Spitzmausrüssler

Kleiner Pestwurzrüssler hat zu lange stillgehalten. Eine Spinne hat bereits seine Beine gefesselt. Er kann sich aber befreien!

Kleiner Pestwurzrüssler (*Liparus germanus*), ist mit bis zu 16 mm gar nicht so ganz klein. Er frisst hier an der Großen Klette.

Rüsselkäfer

sind taxonomisch eine Überfamilie, zu der 9 Familien gehören, z. B. die Spitzmausrüssler und die Breitrüssler und einige andere.
Fast alle ernähren sich von Pflanzensubstanz, sehr viele sind monophag, also auf eine einzige Pflanze angewiesen. Das gilt ebenso für die Larven der Käfer.
Mit rund 800 Arten sind sie eine recht große Familie in der deutschen Käferfauna.

Breitrüssler

gehören zu jenen Käfern, die explizit auf totes, bereits zersetztes und verpilztes Holz angewiesen sind. Dort entwickeln sich die Larven, wobei sie nicht das Holz, sondern Schlauchpilze fressen.
Auch die Imagines ernähren sich von Pilzen, soweit bekannt. In Deutschland sind 20 Arten bekannt.

Großer Breitrüssler (*Anthribus albinus*), bis 12 mm, erkennbar am weißen vorletzten Fühlerglied.

Großer Breitrüssler (*Platyrhinus resinosus*), bis 10 mm, ein Beispiel für den Sinn wissenschaftlicher Nomenklatur (s. oben rechts!).

Weißrüsseliger Breitrüssler (*Tropideres albirostris*), bis 8 mm, RL, unverwechselbar

169

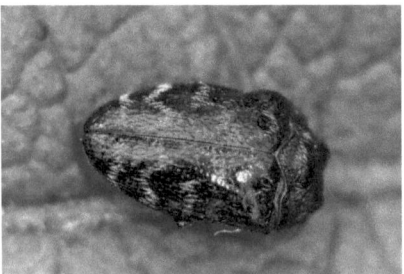

Gemeiner Zwergprachtkäfer (*Trachys minutus*)

Glänzender Blüten-Prachtkäfer (*Anthaxia nitidula*)

Prachtkäfer

sind hauptsächlich in den Tropen verbreitet. In Deutschland leben 103 Arten, die meisten davon in Wärmegebieten wie dem Rheingraben und dem Kaiserstuhl. Sie stellen einige der schönsten und buntesten Exemplare unserer Käferfauna, einige finden wir auch am Nordharzrand.

Bockkäfer

sind mit 197 in Deutschland vorkommenden Arten eine mittelgroße Familie. Sie haben i. d. R. einen länglichen Körper und sehr markante Fühler, die oft länger sind als der Körper. Auch in dieser Familie ist die Formen-, Farben- und Größenvielfalt enorm.

Scheckhorn-Distelbock (*Agapanthia villosoviridescens*), bis ca. 20 mm, vor allem auf Disteln, Brennnesseln und Doldenblütlern

Leiterbock (*Saperda scalaris*), bis 18 mm, einer der schönsten Bewohner feuchter Laubwälder

Waldbock (*Spondylis buprestoides*), bis 24 mm, gilt als Relikt der voreiszeitlichen Fauna

Vierbindiger Schmalbock (*Leptura quadrifasciata*), bis 20 mm, hier Eiablage auf einem Fichtenstubben

Moschusbock (*Aromia moschata*), GG, bis 34 mm, oft auf Doldenblütlern, extrem abhängig von weichem Totholz

Sechstropfiger Halsbock (*Anoplodera sexgutta-ta*), RL, bis 12 mm, wärmeliebende Art, braucht Tallagen mit alten Wäldern, im Norden selten

Extreme Seltenheiten

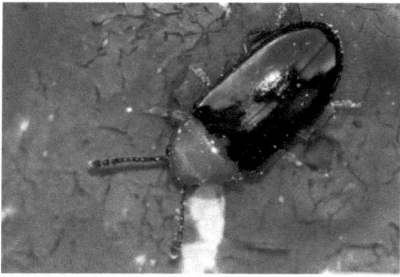

Erlenblatt-Scheinrüssler (*Rabocerus gabrieli*), RL, bis 4 mm, gilt als sehr selten, ernährt sich auch von Borkenkäfern

Metallblauer Pilzkäfer (*Triplax aenea*), RL, nur 2 Funde in Niedersachsen, gilt als sehr selten, profitiert ev. vom Klimawandel

Gefleckter Langrüssler (*Cyphocleonus deal-batus*) RL, wärmeliebend, stark bedroht durch Verlust der Lebensräume

Grasnelkenrüssler (*Sibinia sodalis*) RL, Imagines und Larven ausschließlich auf Grasnelken

Einige
Larven und
Puppen

Siebenpunkt-Marienkäfer (*Coccinella septem-punctata*)

Asiatischer Marienkäfer (Harmonia axyridis)

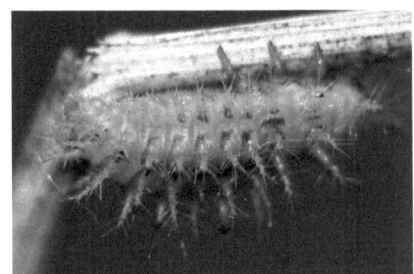

Sechzehnfleckiger Pilz-Marienkäfer (*Halyzia sedecimguttata*)

Vierundzwanzigpunkt-Marienkäfer (Subcoccinella vigintiquatuorpunctata)

Großlaufkäfer (unbestimmt) (*Carabus indet.*), in verwittertem und verpilztem Eichenholz

Asiatischer Marienkäfer (Harmonia axyridis), Puppe

Siebenpunkt-Marienkäfer (*Coccinella septem-punctata*), frisch geschlüpft, mit Exuvie

Siebenpunkt-Marienkäfer (*Coccinella septem-punctata*), Eiablage

Impressum

Bibliografische Information der Deutschen Nationalbibliothek: Die Deutsche Nationalbibliothek verzeichnet diese Publikation in der Deutschen Nationalbibliografie; detaillierte bibliografische Daten sind im Internet über dnb.dnb.de abrufbar.

Umschlagfotos: Waldreben-Fensterfleckchen, Scharlachroter Feuerkäfer Gerwin Bärecke

Fotos: Dres. Ulrike Bosse und Bernd Bosse, Dr. Agnes Daub, Volker Edelmann, Ingrid und Dr. Florenz Sasse, Ulli Waselewski, Gerwin Bärecke

Satellitenbilder: Google Earth Pro-Lizenz
Text, Gestaltung und Satz: Gerwin Bärecke

1. Auflage 2022

© 2022 Gerwin Bärecke
ISBN: 9783755792673
Herstellung und Verlag: BoD – Books on Demand, Norderstedt